비행기

비 행 기

비전을 가지고
행동으로 옮기면
기적이 일어난다!

강광민 지음

강광민의 비행기

초판 1쇄　　2018년 04월 05일
재판 5쇄　　2019년 06월 10일
개정판 1쇄　　2020년 04월 05일
개정증보판 1쇄　2021년 05월 27일
개정증보판 2쇄　2021년 09월 23일
개정증보판 3쇄　2022년 07월 18일
개정증보판 4쇄　2023년 09월 15일

지은이　　강광민
발행인　　오효진
편집인　　박세진
디자인　　서승연

펴낸곳　　출판사 북새바람
문 의　　050-4866-1015
팩 스　　0507-090-0447
이메일　　hj3733@naver.com
등록번호　제2017-000014호
신고일자　2017년 8월 22일

ISBN　979-11-970970-2-7 (03810)

※ 이 책의 무단전재와 무단복제를 금하며, 책 내용의 전부 또는 일부를 이용하려면
　반드시 저자의 동의를 받아야 합니다.

※ 잘못 만들어진 책은 구입하신 곳에서 교환하여 드립니다. 책값은 뒤표지에 있습니다.

강광민의
비행기

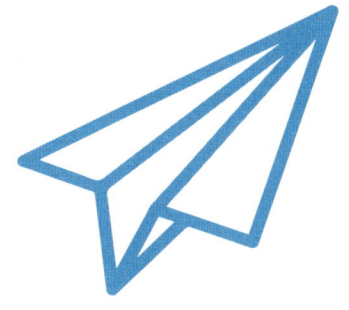

비전을 가지고
행동으로 옮기면
기적이 일어난다!

2019년
네이버 선정
베스트셀러

스타강사
'강광민'
다수 방송 출연

2021년
'비행기'
개정증보판

프롤로그

*비전을 가지고
행동으로 옮기면
기적이 일어난다!*

    비전은 목적을 달성해가는 과정에서 우리에게 끊임없이 자극을 주며 무한한 상상력을 제공하기 때문에 '비전'을 가지는 것만큼 중요한 것은 없다고 봅니다. 주위를 보면 많은 사람들이 '비전'과 '목표'를 혼동하는 경우가 많은 것 같습니다. '비전(vision)'이란, '내다보이는 미래의 상황'이라고 정의되어 있습니다. 또한 '상상력'이나 '통찰력'으로 번역되기도 합니다. '목표'란, 어떤 한 개의 푯대를 향해 줄기차게 나아가는 것이라고 할 수 있습니다. 흔히 목표는 한번 달성하고 나면 그걸로 끝이 난다라고 생각하는데 많은 사람들이 목표만 있고 비전이 없는 경우가 많습니다. 그러한 경우는 목표가 달성되고 나면 모든 게 끝나버립니다. 그러다보면 더 이상 발전이 없습니다. 그러나 비전은 미래의 행동을 위한 자신만의 뚜렷한 방향을 제시하고 새로운 목표를 설정하도록 도와주는 역할을 합니다.

나는 남들보다 유명한 대학을 나온 것도 아니고 거의 모든 것을 맨 땅에서 시작했습니다. 하지만 해가 바뀔수록 내 자신이 지속적으로 달라지고 있음을 체감할 수 있을 정도입니다. 단순히 목표만 가지고 있었다면 지금처럼 내 자신이 원하는 결과물을 만들지 못했을 것입니다. 현실에 안주하면서 그냥 하루하루 먹고 살고 있지 않았을까 생각해봅니다.

어린 시절 나는 전남 고흥의 바다에서 배의 선주가 아닌 가난한 어부의 아들로 태어나 학창시절을 보냈습니다. 집안은 생계유지 자체가 힘들었고 가난 외에는 내세울 것이 없는 척박한 환경에서 자랐습니다. 고등학교 졸업 전까지 공부하고는 담을 쌓고 지내서 전문대조차도 꿈을 꿀 수 없을 정도였습니다. 고등학교 졸업장을 가지고 있는 것 자체가 신기할 정도로 아무런 목표의식도 없었습니다. 별다른 목표의식이 없다보니 시간의 소중함도 모른 채 그냥 하루하루 숨만 쉬면서 흘려보낼 뿐이었습니다. 고등학교 당시의 습관과 사고방식은 졸업 이후에도 그대로 이어졌습니다. 목표라는 푯대 자체가 없다보니 파도에 떠밀려 이리저리 휩쓸리는 부유물과 같은 생활을 할 수밖에 없었습니다.

그러던 어느 날, 나에게 멘토(Mentor)같은 여자가 나타났고 그것은 내 인생의 최고 전환점이 되었습니다. 특히, 큰 아들이 태어나면서부터는 삶의 의지가 더욱 강해졌고, 스무 살의 나이에 가족부양을 위해서 새벽이슬을 맞으며 배를 타면서 번 돈과 막노동으로 번 돈으로 야간에는 호프집을 운영하였고, 낮에는 세탁공장 배달사원으로 일했습니다. 말단배달 직원으로 시작해서 관리직원을 거처 다니던 세탁공장을 인수하여 사장까지 되었습니다. 그리고 뒤늦게 공부의 중요성을 깨닫고 야간대학에서 주경야독으로 공부를 시작하여 박사학위까지 받고 교육자로 활동하고 있습니다.

막노동, 배타기, 주야간 일을 하며 육체노동이 누적돼서인지 나는 척추수술을 3번이나 받아야 했습니다. 그때 병원에서 입원중 책읽기에 집중했습니다. 그 사소한 습관이 나를 아이디어맨으로 거듭나게 한 것 같습니다. 보통 주변에서는 나를 표현할 때 '추진력이 강한 아이디어맨'이라는 이야기를 자주 하곤 합니다. 하지만 일반 사람들과 비교하여 내 자신이 특별하거나 재주가 뛰어나다고 생각해본 적이 단 한 번도 없습니다.

어떠한 일을 만드는 기본적인 힘은 아이디어에서 나온다고 할 수 있는데 아이디어는 '경험'에 의해서 만들어집니다. 경험은 직접경험과 간접경험의 두 가지가 있습니다. 직접경험은 사물을 보고, 만지고, 느끼는 것을 말합니다. 경험 중에 가장 좋은 경험은 직접경험인데 직접경험은 시간과 경제적 비용이 많이 필요합니다. 따라서 직접경험 보다는 간접경험은 짧은 시간에 많은 경험을 쌓을 수 있는 장점이 있습니다. 여러 종류의 간접경험이 있지만 그중 우리는 책을 우선적으로 생각합니다. 바로 그 책읽기가 내 인생의 큰 전환점을 맞이한 또 하나의 계기가 되었습니다.

대부분 사람들은 책읽기를 재대로 알고 있지 않습니다. 큰 아들이 고등학생 때의 일입니다. 나는 아들에게 책을 건네며 읽으라고 했습니다. 며칠 뒤 아들에게 물어봤습니다.

"책 다 봤니?"
"네"
"내용이 어떠하든?"
"좋던데요."
"그러니까 어떻게 좋은지?"
"좋긴 좋은데 뭐라 딱히… 기억이 잘 나지 않습니다."

그렇습니다. 우리는 책을 다 읽고 나서 기억에 남지 않는 경우가 대부분 많습니다. 그 이유는 책을 읽을 때 스토리를 보지 않고 글자를 읽다보니 생각이 나지 않는 것입니다. 책은 스토리를 볼 줄 알아야 합니다. 책 한권 속에 들어있는 스토리에는 저자의 경험이 담겨져 있습니다. 어떤 저자는 평생의 경험을 책속에 담은 경우가 있고, 전문서적은 10년에서 20년의 실험과 경험을 바탕으로 스토리가 책속에 담아져 있습니다. 우리는 책 한권을 읽을 경우 빠르면 하루면 다 읽습니다. 자기 할일 다하면서도 일주일 정도면 책 한권 정도는 읽을 수 있습니다. 그렇다면 우리는 단순히 책을 읽은 것이 아니라, 그 책 속에 들어있는 저자의 20년, 30년 또는 평생의 경험과 노하우를 단 하루 만에 또는 단 일주일 만에 그들의 경험을 우리의 머리와 가슴에 넣을 수 있기 때문입니다. 얼마나 많은 사람들의 책 속에 담겨 있는 경험을 많이 읽었느냐에 따라서 우리들의 아이디어는 무궁무진하게 쏟아져서 나올 것입니다. 책은 경험과 아이디어의 무한한 보고(寶庫) 입니다. 책 읽기는 처음에는 씨앗처럼 아주 작지만 자신이 계속 품고 있다 보면 보이지 않는 곳에서 조금씩 싹을 틔웁니다. 그 싹이 자라게 되면 세상 구석구석을 밝히는 등불이 될 것입니다.

라이트 형제는 비행기를 만들려고 해서 만든 것이 아니고 단순히 하늘을 날고 싶은 꿈이 있었습니다. 그 꿈을 실현하기 위한 아이디어가 떠오를 때마다 행동으로 옮겼습니다. 수십번 수백번 수천번의 실패 끝에 기적적으로 하늘을 날 수 있는 동체를 만들었습니다. 그 동체를 우리는 비행기라고 합니다. 라이트형제가 가졌던 꿈은 비전이고 그 비전도 행동으로 옮겨야만 기회도 만들 수 있고 기적도 만들 수 있습니다. 따라서 "비전을 가지고 행동으로 옮기면 기적이 일어난다."의 첫 글자를 따서 비행기라는 책을 집필하게 되었습니다.

이 책은 나의 스토리를 통해 절망적 시대에서도 성공적인 삶을 살아갈 수 있는 비전을 얻을 수 있다는 메시지를 담고자 하였습니다. 우리는 인생을 살아가면서 많은 비전을 가지고 있지만 비전으로 끝나는 경우가 너무 많습니다. 그 이유는 행동으로 실천하지 않았기 때문일 것입니다. 나의 과거는 절망으로 가득했습니다. 학창시절의 비행(非行)을 담은 이야기 비행기(非行記)가 아니고, 비전을 가지고 행동으로 옮겨 오늘날 만들어 놓은 성과와 미래에 만들어갈 결과물들의 기록으로 봐주시길 부탁드립니다.

비행기 저자

강광민

목차

프롤로그   06

제1장   나에겐 아직 할 일이 많이 남아 있다

추천사 - 신 민 영 (숭의과학기술고등학교 3학년)	20
촌놈 도시로 나가다	23
구체적인 목표를 설정하고 움직여라	24

제2장   공부에 뜻을 두기 시작하다

추천사 - 장 봉 조 (전, 한국농어촌공사 전남 본부장)	30
다시 고향으로 내려가다	32
가족을 생각하며 배를 타다	36

제3장   전환점의 시작

추천사 - 김 지 윤 (저자의 처형)	42
여전히 세상을 만만하게 바라보다	45
성실함과 책임감으로 삶의 전환점을 만들다	47

제4장   자신만의 방법으로

추천사 - 안 장 웅 (고흥군 보훈홍보대사)	54
될 수 있으면 자신이 좋아하는 일을 하자	56
아내도 함께 뛰기 시작하다	59

제5장 인내는 인생의 가장 큰가치 중의 하나

추천사 - 최 원 (경찰공무원, 고향친구)	64
나는 참아야 한다	66
인내력을 키우는 나만의 방법	66

제6장 자기통제와 절박함

추천사 - 이 정 재 (광주교육대학교 2대 총장)	72
자기통제를 통한 성장	75
절박함이 기회를 만들다	77

제7장 나를 살리는 끊임없는 시도

추천사 - 전 선 영 (서울사회복지대학원대학교 교수)	82
자신만의 방법이 필요해	85
올바른 결정은 인생의 향방을 좌우 한다	86

제8장 시간 활용을 통한 인생의 방향 전환

추천사 - 추 창 엽 박사 (바른통일포럼 상임대표)	92
시간을 쪼개 궁리를 찾다	94
위기 속에서 찾아 온 기회	96

제9장 본격적인 회사 운영의 시작

추천사 - 최 용 남 (청소년 사역자. 꿈사랑교회 담임목사)	104
내 눈에는 희망만 보였다	106
감동을 파는 장사꾼	108

제10장　무엇을 하기에 결코 늦지 않았음을

추천사 - 김 중 환 (금융기관 임원)	116
학업은 실무의 연장선	118
만학도(晩學徒)에서 평생학도(平生學徒)로, 늦은 나이란 없다	121

제11장　처음으로 인생의 목표를 세우다

추천사 - 임 우 성 (국제라이온스협회 355-B1지구 부총재)	126
배움을 통한 나만의 목표 설정	128
목표를 세웠으면 행동으로	130

제12장　목표를 세우기 위한 꿈을 꾸다

추천사 - 조 도 현 (시인, 빛가온운동 회장)	136
자신만의 꿈을 꾸자	138
꿈을 꾸기 위한 나만의 차별화 전략	139

제13장　시련과 아픔 속에서도 힘을 낼 수 있기에

추천사 - 최 혜 경 (정인평생교육개발원 대표)	146
자신의 처지를 탓하지 말자	148
소중한 자산은 사람이다	150

제14장　사소한 것부터 실천하자

추천사 - 최 종 구 (이스타항공 사장)	154
작은 시도는 변화의 출발점	156
될 때까지 하면 된다	157

제15장　한 사람 한 사람의 소중함을 알기에

추천사 - 정 경 모 (전라남도 교육청 연구원 원장)　　162
말 한마디의 위력　　164
생각하는 대로 이루어진다　　166

제16장　멘토 (Mentor)

추천사 - 신 상 열 (정직운동총연합회 이사장)　　172
방향성이 없으면 추진력도 없다　　174
우리에겐 이런 멘토가 필요하다　　175

제17장　성공을 이룬 사람들의 힘

추천사 - 학송 이 영 춘 (광주향교)　　182
성공의 모든 것은 꿈꾸는 대로 이루어진다　　184
자신이 하는 일에 미쳐라　　186

제18장　아이디어의 원천

추천사 - 자 황 스님 (광보사 주지)　　192
창조적 아이디어의 원천은 '독서'　　194
일상에서 찾는 독서의 습관　　196

제19장　내 인생의 또 다른 꿈

추천사 - 박 종 덕 (고흥 대서중학교 교장)　　202
전국 무소속 1호 후보　　204
꿈을 주는 교육에 희망을 달다　　208

제20장   꿈과 희망이 있는 우리의 미래

추천사 - 정 문 섭 ((사)에이플러스성공자치연구소 대표이사)	212
미래 산업의 변화	214
5년 후의 삶	214

제21장   강광민의 칼럼

*시時 공약 꽃	220
칼럼1, "경제위기 그 해법은?"	221
칼럼2, "주민자치센터에 '마을 갤러리'로 문화력 키워야"	226
칼럼3, "지방자치에 바란다."	230
칼럼4, "출산장려 문제 사회인식 변화해야"	233
칼럼5, "황룡 타고 천국 가는 꿈 - 새로운 문화관광콘텐츠 도입으로 자치능력과 삶의 질 향상"	236
칼럼6, "북한이탈주민의 지역 정착 방안"	242
칼럼7, "통일 공감대 확산은 세계평화에 기여"	247
칼럼8, "한반도 평화통일 실현을 위한 시대정신"	251

비행기 독서 및 강연 후기 모음

후기글 모음	260
추천의 글 - 정재순	279
추천의 글 - 박영희	280
추천의 글 - 대학생	281
추천의 글 - 학송 이영춘	282
추천의 글 - 학산 노치환 (시인)	283

제1장

나에겐 아직도
할 일이 많이 남아 있다

추천사

신 민 영 (숭의과학기술고등학교 3학년)

고등학교 1학년 때 방황하고 있는 저에게 어머니로부터
<비행기>라는 책을 선물로 받았습니다.

그동안 책과 공부에 관심이 없어서 별로 읽고 싶은 생각이 없었지만,
책의 제목 "비행기" 삼행시를 보고 인상 깊어
한번 읽어보게 되었습니다.

책을 읽고 나서 엊그제까지만 해도 방황을 하고 있던 제가
많은 변화가 됨을 느꼈습니다.
"나도 할 수 있겠다."라는 자신감과
정신적인 강력한 의지력을 갖게 되었습니다.

책을 읽은 뒤로 저는 생활 패턴이 바뀌면서 많은 변화를 가져왔습니다.
어려서부터 축구선수로 활동하다 보니 공부에는 취미가 별로 없던
제가 학교 성적이 급성장하게 되었습니다.

"비전을 가지고 행동으로 옮기면 기적이 일어난다." 비행기 제목처럼
이 책이 나에게 비전을 던져주고 실천하게 하고 기적을 만들어준 책입니다.

우리 청년들에게 꿈과 희망이 되는 책입니다.

제1장

나에겐 아직도 할 일이 많이 남아 있다

평소 여러 곳의 강연이나 출강을 다니면서 많은 것을 보고 느낀다. 한편으로는 가슴도 아프다. 특히, 어떤 난관에 부딪혔을 때 쉽게 좌절해 버리는 이들을 볼 때면 너무나 안타깝다. 거기에는 청년실업문제도 크게 자리 잡고 있다. 도무지 끝이 보이지 않을 것 같은 캄캄한 터널 속에서 아직도 수많은 젊은이들이 허우적거리고 있는 게 현실이다. 학창시절 내내 공부에만 매진했던 한 청년은 100여 군데의 기업체에 문을 두드렸지만 모두 퇴짜를 맞고 희망의 끈을 놓아 버리기도 했다. 하지만 나는 보았다. 비전까지는 아니더라도 한 가지 목표를 가지고 부단히 노력하는 사람은 언젠가는 반드시 일어선다는 것을. 그러기 위해서는 말이 필요 없다. 몸을 움직여 일단 부딪히고 봐야 한다.

나는 사업 확장으로 공장이전을 하고 한참 고속성장으로 밤낮 정신 없이 일을 하며 행복하게 있던 순간, 화재로 모든 걸 잃고 절망에 빠진 적이 있었다. 당시 깊은 시름과 한숨 속에서 전혀 갈피를 잡지 못했다. 술을 먹어도 제대로 잠을 잘 수 없었고, 도저히 받아들일 수 없었다. 모든 게 꿈만 같았고 몸은 갈수록 쇠약해져갔다. 그렇게 무기력하게 있던 어느 날, 아내는 물기 젖은 눈으로 나를 바라보며 간신히 입을 열었다.

"여보! 뭐, 어때요? 아직도 할 일이 얼마나 많이 남았는데요. 하다보면 실패할 수도 있고 그런 것 아니겠어요!"

아내의 말을 듣던 나는 정신이 번쩍 들었다. 그날부터 이를 악물고 다시 뛰기 시작했다. 아직도 할 일이 남았다는 게 얼마나 행복한 것인가! 나는 그 중요한 것을 잊고 있었던 것이다. 사람의 능력은 마음먹기에 달려있음을 깨닫지 못하고 있었던 내 자신이 원망스럽게 느껴졌다.

위기에서 벗어날 가장 훌륭한 비책은 바로 '열정'이다. 열정은 힘이며 정상에 오르기 위한 에너지이다. 열정이란 자신에 대한 신뢰이자, 뜨거운 에너지를 주변으로 확산시킬 수 있는 저력이다. 자신만의 집중력과 창의력, 지친 인생을 활기차게 바꾸는 마력이기도 하다. 그럼에도 불구하고 결코 포기하지 않는 마음가짐과 긍정적인 자세가 필요하다.

촌놈 도시로 나가다

어린 시절 나는 전남 고흥의 바다에서 자랐다. 배의 선주가 아닌 가난한 어부의 아들로 태어나 학창시절을 보내면서 집안은 생계유지 자체가 힘들었고 가난 외에는 내세울 것이 없는 척박한 환경이었다. 고등학교 졸업 전까지 공부하고는 담을 쌓고 지내서 대학을 가겠다는 말조차는 더더욱 할 수가 없었다. 결석일수 자체가 너무 많았고 그러다보니 성적은 바닥을 맴돌았다. 당연히 책과의 거리는 멀었고 전문대조차도 꿈을 꿀 수 없을 정도였다. 고등학교 졸업장을 가지고 있는 것 자체가 신기할 정도로 아무런 목표의식도 없었다. 그냥 또래 친구들과 어울려 다니는 게 하루의 일과가 되었다. 그대로 있다가는 아무런 희망이 보이지 않을 것 같았다. 그럴 때마다 나의 발길은 바다로 향했다. 깡소주를 마셔가며 수평선 너머 아득히 보이는 물마루까지 하염없이 바라보고 있노라면 내 자신의 인생이 막다른 골목에 내몰린 기분이 들었다.

'왜 부모님은 나를 태어나게 해서 이런 척박한 환경에 두었는지 도무지 이해가 가질 않아.'

술에 취하면 취할수록 스스로가 부모님을 원망했고 자신의 환경을 포함해서 모든 게 불평불만의 대상이었다. 뭔가의 변화를 주지 않으면 도저히 안 될 것 같았다. 큰 결심이 필요했다.

'그래, 일단 이곳을 벗어나 대 도시로 나가보는 거야. 어차피 공부도 못하고 할 줄 아는 것은 아무것도 없으니 더 이상 이곳에서는 내가 있을 이유가 없어.'

공부를 잘해서 대도시로 유학을 가려고 하는 친구들은 전혀 눈에 들어오지 않았다. 그들의 문제와 내 자신의 미래와는 전혀 상관이 없었다. 이미 지나간 일을 후회한들 어떻게 하겠는가.

구체적인 목표를 설정하고 움직여라

결심이 서자 곧바로 짐을 꾸렸다. 하지만 막상 20여년의 세월을 보낸 고향땅을 벗어나려고 생각하니 좀처럼 발이 떨어지지가 않았다. 고등학교 졸업이후에 새롭게 시작해야 할 미지의 세상에 대한 약간의 설렘도 있었지만 한편으로는 왠지 모를 두려움과 불안감도 컸기 때문이다. 이제까지 줄곧 부모님 품에서만 세상 무서운 줄 모르고 생활했지만 앞으로는 모든 걸 혼자서 해결하고 헤쳐 나가야하기 때문이었다. 그렇게 우여곡절 끝에 서울로 갔다.

마땅히 아는 지인도 없어서 발길은 자연스럽게 직업소개소로 향했다. 일단 먹여주고 재워주는 곳을 선택할 수밖에 없었다. 그래서 시작한 사회에서의 첫 번째 일이 서울 외곽에 있는 원단제조 공장에서 포장하는 작업이었다. 일 자체는 크게 어렵지 않았지만 늦은 밤까지 이어지는 잔업과 공장의 부속으로 딸린 기숙사에서 아침부터 저녁까지 꼼짝없이 있다 보니 온갖 생각이 들었다.

'내가 이러려고 이곳까지 왔단 말인가? 도대체 나는 그동안 뭘 하고 살았단 말인가?'

생각이 거기에 미치자 깊은 후회와 자괴감이 밀려왔다. 이제까지 아무것도 하지 않고 별 의미 없이 시간을 흘려보낸 자신이 정말 한심스럽게 느껴졌다. 물론 거기에는 여러 가지 이유가 있겠지만 그중 가장 큰 문제는 내 자신의 미래에 대해서 한 번도 심각하게 고민해 본 적이 없었다는 것이었다. 아무 생각 없이 지내다보니 구체적인 목표나 꿈을 생각할 수도 없었던 것이다. 나는 당시 그 부분이 두고두고 후회가 되었다. 그래서 지금도 여기저기 강의를 다니면서 하는 말이 있다.

"여러분! 무엇을 하든지 가장 먼저 해야 할 것은 구체적인 목표를 세우는 것입니다. 그러다보면 그 목표에 걸맞는 깊은 생각과 자기성찰에 빠질 것입니다. 그런 과정을 거쳐 자신의 생각이 어느 정도 정리가 되었으면 곧바로 실행에 옮기시기 바랍니다."

살면서 우리는 이 말을 지겹도록 들었을 것이다. 특히, 나름대로 성공했다고 하는 사람들이 유독 구체적인 목표설정의 필요성에 대해 역설할 것이다. 그 이유는 간단하다. 구체적인 계획이 있어야 그 계획에 맞는 결과가 나올 수 있기 때문이다.

목표 설정과 관련한 유명한 일화가 있다. 알프스 산중에서 길을 잃고 헤매게 된 어느 헝가리군 소대가 있었다. 강한 눈보라 속에 기온마저 떨어져 근심과 불안으로 우왕좌왕 하고 있을 때 소대원 중 한 병사가 주머니에 있던 지도를 찾아냈다. 소대원 전원은 환호했고, 이 지도로 소대원 전원이 무사히 귀환할 수 있었다.

그런데 나중에서야 놀라운 사실이 밝혀졌다. 그 병사가 찾아냈던 지도는 이들이 헤매던 지역이 아닌 엉뚱한 곳의 지도였다는 것이다. 다른 지도임에도 불구하고 지도를 찾아냈다는 자체에 힘입어 병사들이 움직이기 시작했고, 상황파악에 도움이 되는 결과를 만들고 무사히 귀환 할 수 있었다. 실패 속에서 좌절하고 새 길을 찾지 못하면 실패는 정말 실패일 뿐이다. 이것은 목표의식이 얼마만큼 중요한지 깨닫게 해주는 말이다.

계획을 세운다는 것은 정말 중요한 일이다. 내 경우도 마찬가지였다. 아무런 계획도 없이 무작정 대도시로 나갔으니 뭐가 잘될 수 있었겠는가. 봉제공장의 기숙사에서 밤새 뒤척이며 고민을 해봐도 결론은 이미 나와 있었다. 다시 고향에 내려가서 부모님을 설득하고 공부를 새로 시작하는 것만이 유일한 희망이었다. 나는 부모님 품을 떠나 있다 보니 모든 것을 새롭게 생각하게 되었다. 그걸 계기로 처음으로 아버님에 대한 생각을 하게 되었다.

지금 생각해보면 나는 불효막심한 아들이었다. 나의 아버지는 자식들이 잘못을 해도 화를 내거나 혼내는 일은 단 한 번도 없으신 분이시다. 나의 아버지는 속이 상해도 소리내어 울 수도 없고, 울고 있어도 눈물을 보일 수 없는 고독한 분이셨다. 나의 아버지는 한 집안의 가장으로서 모든 짐을 어깨에 짊어지고 자식을 위하는 일이라면 불구덩이라도 뛰어드는 아버지이셨다.

나의 아버지는 배의 선주도 아니요, 품삯을 받는 어부로서 평생을 거센 파도와 싸우며 오직 자식들을 잘 키워보겠다는 일념 하나로 버티며 살아오신 아버지이셨다. 새벽에 어두움을 뚫고 나이 예순이 넘어서도 고기잡이를 하셨다. 그 시퍼런 바다위에서 파도와 사투를 벌이는 아버지를 생각하면 가슴이 아프고 숙연해진다. 그렇게 힘들게 살아오신 아버지에게 원망만 늘어놓았던 나 자신이 부끄럽고 죄송할 따름이다.

**실패 속에서 좌절하고 새로운 길을 찾지 못하면
실패는 정말 실패일 뿐이다.**

제2장

공부에 뜻을 두기
시작하다

추천사

장 봉 조 (전, 한국농어촌공사 전남 본부장)

모든 사람은 성공을 꿈꿉니다.
그러나 실제로 성공을 거둔 사람은 많지 않습니다.
성공한 사람들에게만 기회가 주어졌을까요? 아닙니다.

누구나 살아가면서 기회를 가집니다.
강광민 박사는 꿈도 희망도 없었던 시절이 있었지만,
꿈을 가지고 성실히 노력한 결과 좋은 인연으로 만나게 되었습니다.
그 인연들은 성공의 길로 이끌어주었습니다.

자신이 처한 현실을 탓하기만 하기보다는
더 나은 미래를 꿈꾸고 성실히 살아가는 자세,
그것이 사람들이 성공의 기회를 놓치지 않게 할 것임을
『비행기』책을 통해 다시 한 번 되새기게 되었습니다.

많은 분들이 이 책을 읽고 꿈을 이루기를 기원합니다.

제2장

공부에 뜻을 두기 시작하다

아무런 준비도 없이 무작정 대도시로 나가다 보니 모든 것이 새롭게 느껴졌다. 단순한 의지만으로는 제대로 되는 것이 없었다. 그렇다고 포기 할 수는 없고 일단 목표 설정부터 새롭게 해야 했다. 그래야 고향에 다시 내려가더라도 부모님께 할 말이라도 있을 것 같았다.

하지만 목표 설정을 한 번도 해보지 않은 자신으로서는 어떻게 하면 목표설정을 잘 할 수 있을지 막연했다. 그에 대한 방법을 찾긴 찾아야 하는데 주변에 아는 사람이 아무도 없는 상태에서 다른 식으로 접근을 해야만 했다. 여러 가지 고민을 해보았다. 그나마 책 말고는 딱히 방법이 없는 듯 보였다. 그렇게 자연스럽게 인근 서점에서 그와 관련된 다양한 책들을 보게 되었고, 생각보다 목표설정과 관련된 책들이 엄청나게 많이 출간되어 있는 것을 확인했다. 가만히 생각해보니 그동안 내 자신만 책을 전혀 보질 않았다는 생각이 들었다. 막상 어떤 책을 골라야 할 줄 몰랐다. 이 책 저 책 보다보니 공부를 다시 시작하여 인생의 새로운 목표를 세워야겠다는 생각이 들었다.

'그렇다면 이제부터는 공부를 한번 해 보는 거야.'

나는 부모님을 설득하기로 했다.

다시 고향으로 내려가다

고향으로 내려가는 길에 여러 생각이 떠올랐다. 부모님의 꾸짖음과 자신을 차갑게 바라볼 것 같은 주위의 시선들이 생생하게 다가왔다. 하지만 거기에 대한 마음의 준비는 이미 되어 있었고, 어떻게 말해야 할 것인지도 여러 번 되뇌었다.

고향에 도착하자마자 역시나 예상했던 대로 자신의 무능함만이 드러나게 되었다. "고향을 떠난 지 얼마나 되었다고 다시 내려왔느냐!"란 호통부터 모욕적인 말을 들어야했다. 당연히 그럴 수밖에 없었을 것이다. 나는 그것과 상관없이 이미 결심한 내용을 부모님께 말씀드렸다.

"아버님, 이곳보다는 그나마 이웃 순천이 교육환경이 좀 더 나은 것 같으니 그곳에서 이제까지 제대로 해보지 못했던 공부를 새롭게 시작하고 싶습니다. 물론 아르바이트를 하면서 할 것이기 때문에 금전적인 부담으로 심려를 끼쳐 드리고 싶진 않습니다."

순천은 고흥에 비해 인구도 4배정도 많았고 교육환경도 비할 바가 아니었다. 아버님은 고민에 빠지셨다. 공부라고는 근처에도 가보지 않은 아들이 갑자기 재수를 하여 공부를 하겠다하니 자신의 귀를 의심하지 않을 수 없었을 것이다. 과연 제대로 할 수 있을 것인지 조차도 의아해 하셨던 것 같다. 하지만 어쩌겠나. 본인이 벌어서 공부하겠다는 아들 앞에서 어떻게 할 수가 없었을 것이다. 거기에 대해 어느 누구도 반박할 수가 없었다. 그래서 나는 자연스럽게 순천으로 향할 수 있었다.

나는 다시 입시생의 자세로 돌아가야 했다. 아니, 다시라고 말해서는 안 될 것 같다. 이제까지 단 한 번도 입시라는 걸 준비해 본적이 없기 때문이다. 그래서 교과서를 비롯해서 모든 것을 새롭게 장만해야했다. 막상 공부를 시작하려하니 아는 것은 전혀 없고 알아야 할 것은 태산이었다. 도저히 답이 나올 것 같지 않았다. 공부도 공부지만 일까지 병행을 해야 한다고 생각하니 근심과 걱정이 물밀듯이 몰려왔다. 하지만 이대로 가만히 주저앉아 있을 수는 없는 노릇 아닌가! 나에게 적합한 곳을 물색하기 위해서 인근 독서실과 학원과 대학교 도서관을 번갈아가면서 찾아 다녔다. 진즉 '정신을 차리고 정상적으로 공부를 했더라면 지금쯤 대학을 다닐 수 있었을 건데…' 하는 마음에 자괴감이 들기도 했다. 그렇게 대학 입시를 위해 공부를 이어가던 어느 날이었다. 그날은 나의 인생에서 커다란 전환점이 되는 일이 생겼다. 우연히 두 살 연상인 한 여대생을 만나게 된 것이다.

그 여학생은 대학 입학을 위해서는 어떤 것들을 준비해야 하는지, 인생을 의미 있게 살기 위해서는 어떤 가치관을 가져야하는지 등에 대해서 많은 조언을 아끼지 않았다. 주변에 아는 사람이라고는 거의 없는 상태에서 나에게는 한줄기 빛으로 다가왔고, 이상하게도 만나면 만날수록 그녀에게 이끌리게 되었다. 그러면서 자연스럽게 이성으로 만나고 결국 동거까지 하게 되었다. 설령, 그 누가 반대하더라도 도저히 놓칠 수가 없었고 그 어떤 것과도 바꿀 수가 없었다. 너무나 꿈같은 생활이었다.

그러던 어느 날 예상치 못한 일이 벌어졌다. 갑자기 자취방을 방문한 어머니에 의해 그런 생활이 들통나버린 것이다. 그 모습을 본 어머니는 이성을 잃고 어찌할 바를 몰랐다.

"광민아, 이게 뭔 일이냐!? 아이고, 에라! 이 썩을 놈아!"

그런 어머니 앞에서 나는 구석에 몰린 생쥐마냥 어찌할 바를 몰랐다. 하지만 이미 벌어진 일을 가지고 어떻게 하겠는가…. 하나도 남김없이 고할 수밖에 없었다. 고흥에서 순천에 도착했을 때부터 그동안 있었던 일을 상세하게 말씀드렸다. 이야기를 다 듣고 난 어머니는 예상외로 차분하게 한마디 하셨다.

"이왕 이렇게 된 거, 고흥 아버지한테는 잘 이야기를 해놓을 테니 어떻게든 둘이서 잘 헤쳐 나갔으면 좋겠구나. 애는 태어나면 대신 돌봐줄 테니 너무 걱정 말고."

소리 없는 눈물이 뺨을 타고 흘렀다. 못난 아들의 행동에 화도 나고 크게 실망도 하셨을 텐데 오직 자식이라는 이유 하나만으로 모든 걸 감내하시던 어머니셨다. 너무 고맙고 감사했지만 달리 표현할 정신적 여력이 없었다. 그 사건 이후 시간은 흘러 큰 아들이 태어났고 어머니의 말씀대로 아이를 부모님께 맡길 수밖에 없었다.

하지만 마을 사람들의 이목이 있어서 차마 가질 못했다. 형이 둘이 있는데 아직 애인도 없는 상황에서 내 나이 스무 살의 나이에 아이를 맡겼으니 마을사람들의 손가락질이 두려웠다. 또한 가장이 되었으면 아이의 분유 값이라도 벌어야 했지만 당시에는 할 수 있는 것이 아무것도 없었다. 어쩔 수 없이 공부를 포기하고 부모님 집으로 들어 갔다. 하지만 낮에는 마을 사람들의 이목이 있어서 날이 어두워질 때면 아무도 없는 적막한 방파제로 향했다. 낚싯대만 바다에 드리워놓고 날이 밝아올 때까지 세상과 자신을 원망하며 하염없이 소주만 마셨다. 그러곤 집에 들어가 하루 종일 잠에 빠져들었다. 그런 일이 반복되다보니 어느 순간부터 낮과 밤이 바뀌어 있었다. 주변에서는 이런 나를 얼마나 한심하게 생각 했겠는가…. 하지만 그런 나를 아내는 말없이 지켜봐주었다. 지금도 당시를 생각하면 가슴이 먹먹해진다.

가족을 생각하며 배를 타다

공부를 한번 제대로 해 보겠다고 생각했던 인생이 나의 의도와는 달리 자꾸 이상한 쪽으로 흘러가는 것 같았다. 시간이 지날수록 세상에 대한 원망만 늘어갔고 몸은 갈수록 쇠약해져갔다. 마땅한 일이 없이 매일 소주로 밤을 밝히다보니 어찌 보면 당연한 이야기일 수도 있겠다. 아들이 커 갈수록 무기력하게 가만히 앉아만 있을 수 없는 노릇이었다. 한계가 가까워지고 있음이 느껴졌다. 그렇게 시간을 보내다가는 도저히 아내의 얼굴을 볼 면목이 없을 것 같았다.

주위의 일거리들은 모두 알아봤지만 마땅히 할 만한 것이 없었다. 그렇게 해서 결국 시작하게 된 것이 배를 타고 고기를 잡는 일이었다. 고기 잡는 일은 새벽 동 트기 전에 출항을 해야 하는 등 부지런함은 기본이고, 높고 깊은 파도와 변덕스러운 날씨와 싸워야 한다. 하루에 4~5시간정도 밖에 잠을 못자는 것은 어느 정도 참을 수 있지만 오랜 기간 동안 선상에서 먹고 자며 가족과 오랫동안 떨어져 지내야 하는 생활은 말이 쉽지 정말 고역이 아닐 수 없었다. 풍랑이 심하거나 추운 겨울에는 어찌할 방법이 없었다. 칼바람이라는 말이 괜히 있는 게 아닌 듯싶었다. 손과 발은 꽁꽁 얼어서 감각이 없었다.

지금도 겨울만 되면 손과 발이 시리는 통증에 고통스럽다. 겨울도 겨울이지만 여름은 여름대로 무척 힘들었다. 땀으로 뒤범벅이 된 채 오랜 기간 제대로 씻을 수가 없어서 온 몸은 끈적거렸고 단단하게 짓눌려진 때는 덩어리가 되어 이리저리 뒹굴었다. 머리에서는 썩은 두엄 냄새가 났고 그렇다고 원하는 만큼 만족스럽게 긁을 수도 없었다. 그런 생활을 끝내고 만선으로 육지에 돌아와도 마찬가지였다. 항구에 배를 정착하자마자 선장은 사우나로 향했고 나머지 작업과 뒤처리는 고스란히 모두 나의 몫으로 남게 되었다. 그렇다고 나는 불평을 할 수도 없는 처지였다. 그러다 어느 날 문득 의아한 생각이 들었다.

'아무리 봐도 생활이 좀처럼 나아지지도 않는데 내가 왜 이렇게 배를 타고 있지?'

몇날 며칠 고민 끝에 같이 일하는 분들에게 질문했다. 그 말을 들은 대다수 선원과 선장들의 답변은 한결같았다.

"그거야 한 밑천 크게 잡아서 읍내에 호프집이나 하나 열든지 아니면 조그만 어선이라도 하나 장만하려고 시작했던 거지."

배를 타서 짧은 시간에 많은 돈을 벌어서 뭔가를 해보겠다는 의지로 힘들고 위험한 일을 시작했지만 현실에 안주하다보니 제자리걸음만 하고 있지 않은가? 나는 아무리 생각해봐도 도무지 이해가 되질 않았다. 실제로 대다수 사람들의 말과 행동은 전혀 달랐기 때문이다. 이후에 배 타는 것을 그만두었던 가장 큰 이유 중 하나가 내 자신도 그들과 똑같은 인생을 살 가능성이 높을 거란 판단에서였다. 물론 내 자신도 문제였지만 주변 환경이 전혀 도움이 되지 못했다. 이제까지 살아오면서 내가 깨달은 바가 있다. 사람은 환경에 큰 영향을 받는다는 사실을….

　배를 타건 다른 일을 하건 그게 중요한 것이 아니라 그것보다 오히려 같이 일하는 구성원이나 주변 사람들에 의한 부분이 크다고 본다. 그것에 의해 자신의 인생이 완전히 달라질 수도 있기 때문이다. 이것은 어린이나 어른에게도 마찬가지로 적용된다. 살생하는 자와 사귀면 살생을 배우게 되고, 도적질하는 자와 사귀면 도적질을 배우게 된다. 거짓말 하는 자와 만나면 거짓말을 배우게 되며, 도박하는 자를 만나면 도박하는 방법을 배우게 된다. 이런 사실을 너무도 잘 알기에 이제부터는 말뿐이 아닌 행동을 통해 새로운 전환점을 만들고 싶었다.

**99%의 절망에서도
단 1%의 희망만 있으면 무엇이든 가능하다.**

제3장

전환점의 시작

추천사

김 지 윤 (저자의 처형)

30여년의 세월을 옆에서 지켜보는 사람으로서 감개무량합니다.
비행기는 그냥 저절로 비상하는 것이 아님을 이 책을 통해 느껴봅니다.
혼신의 힘을 다해 살아온 발자취를 담백하게 써내려간 글속에서
가슴이 뜨거워짐을 느끼며 매순간 끊임 없이
자신을 고집스럽게 만들어가고 있는 긍정적인 사고의 모습이
그의 비행기가 비상 할 수 있게 했고
사업적인 성장과 박사학위를 받기까지
뒤에서 늘 기도와 정성으로 응원하는 부인이 있었음을 압니다.

빌 게이츠는 "인생은 학기처럼 구분되어 있지 않다.
방학이란 것은 아예 있지도 않다.
극소수의 상사만이 자신의 자아 발견에 관심을 가진다"고 했습니다.

50이 넘은 나이에 나만의 비행기를 꿈꿔봅니다.
모든 이들이 이 책을 통해
오늘보다 더 나은 내일을 꿈꾸며 행복해지길 기원해봅니다.

제3장

전환점의 시작

　중장기적인 관점에서 봤을 때, 정말 뭔가 열심히 해보려고 해도 도저히 안 되는 상황이 이어졌고, 어떻게 인력으로 해볼 수가 없었다. 오히려 스트레스가 더 쌓일 것만 같았다. 그래서 그냥 순리대로 물 흐르듯이 살기로 마음먹었다. 이것저것 해보려고 해도 안 되는데 어떻게 하겠는가…. 나는 지금도 마찬가지다. 어떤 일이 주어졌을 때 정말 최선을 다해서 열심히 했는데도 불구하고 뜻대로 되지 않을 때는 그것을 억지로 뒤집으려고 하지 않는다. 그것은 이미 나의 영역을 넘어섰다고 생각하기 때문이다. 사실 세상 모든 일이 내 뜻대로만 된다면 얼마나 좋겠는가. 하지만 내 뜻대로 되는 일 보다 내 뜻대로 되지 않는 일이 더 많아서 사람들은 늘 속상하고 실망하고 좌절하기도 한다. 그러나 그 반대로 내 뜻대로 일이 잘 되지 않아서 오히려 자신에게 유리한 상황으로 바뀌는 경우도 많다. 아마 누구나 한두 번씩은 그러한 경험을 해봤으리라고 생각한다.

　성경에도 그와 관련된 유명한 이야기가 나온다. 교회나 성당을 다니지 않는 사람이라고 하더라도 '요셉(Joseph)'이라는 이름은 많이 들어봤을 것이다. 요셉은 구약성서에 나오는 인물로, 야곱(Jacob)의 열한 번째 아들이다. 그는 항상 한 가지 꿈을 가지고 있었는데, 그것은 자신의 형제들과 부모님이 그에게 경배할 정도로 높은 지위에 오를 사람이 될 것이라는 꿈이었다. 그러나 자신의 희망사항과는 달리 아버지의 많은 사랑을 받는다는 이유로 다른 형제들의 미움을 사서 이집트에 노예로 팔려가게 된다. 엎친 데 덮친 격으로 종으로 살다가 주인의 오해로 감옥까지 가게 되는데 그럼에도 불구하고 자신에게 주어진 상황에 대해 결코 불평불만을 하지 않았다. 대신 주어진 상황의 모든 일에 최선을 다했고 결국 이집트의 총리대신이 될 수 있었다. 덕분에 흉년으로 곤경에 빠진 자신의 가족들을 웃으면서 이집트로 맞아들일 수 있었다.

　만약 그가 애굽의 감옥에 들어가지 않았더라면 어떻게 그런 지위에 오를 수가 있었겠는가? 그동안 나의 경험에 비추어 말하고 싶은 게 있다. 현재 나에게 주어지는 불행도 결국은 나에게 유익이 될 수 있다는 희망을 가지고 절대 좌절하거나 포기하지 말고 자신에게 주어지는 모든 상황에 있어서 최선의 노력을 다 할 때 불행도 행복으로 바뀔 수 있는 것이다.

여전히 세상을 만만하게 바라보다

일단 주변 환경을 떠나서 고향에서 마땅히 할 것이 없으니 고기잡이배를 타는 것 외에는 달리 방법이 없었다. 그러던 어느 날, 광주에 있는 처갓집으로부터 연락이 왔다.

"강 서방, 혹시 괜찮다면 이곳에서 새롭게 인생을 시작해보지 않겠는가? 마침 강 서방한테 어울릴만한 직장이 하나 생기기도 했고."

처가의 갑작스런 전화에 어떻게 답변을 해야 할지 알 수가 없었다. 하지만 나에게 전화하기 이전에 그와 관련하여 아내와 사전에 이야기가 되었음을 짐작할 수 있었다. 그런 연유로 우물쭈물거릴 상황도 아니었다. 나의 성격상도 맞지 않아 처갓집의 제안을 받아들이고 광주로 거처를 옮겼다. 그렇게 해서 일하게 된 곳이 국내 축전지 제조업계의 최강자인 S전지였다.

1952년에 설립된 S전지는 'R배터리' 브랜드로 널리 알려졌으며 현재까지도 태양광 발전용 전지와 리튬이온 전지사업으로 영역을 확장하고 있는 중견기업이다. 나는 그곳에 처형의 소개로 채용이 되었다. 고등학교 졸업이 전부인 나로서는 다소 의외의 결과였다. 관련된 일을 한 번도 해 본적이 없었지만 에너지를 저장할 수 있다는 것에 상당한 흥미를 느꼈다. 이것은 사람들의 삶에 큰 변화를 일으키는 혁명적인 요소였다.

그곳은 나에게 새로운 세상을 부여했다. 배터리는 다양한 부분으로 활용이 가능했기 때문에 소비자들의 수요도 워낙 많았다. 그런 만큼 사업도 일취월장으로 커갔다. 24시간 쉬지 않고 공장을 가동해야 했으며 많은 부분에서 자동화가 이루어지지 않아 사람의 손길을 필요로 하는 곳이 많았다. 매일 밤늦게까지 야간 잔업을 하며, 어느 정도 안정이 되어가고 있을 때 관리자와 사소한 다툼으로 감정의 골이 깊어져서 사소한 것까지 하나하나 부딪치기 시작했다.

돈도 좋지만 도저히 사람 사는 게 아니었다. 배 타는 것과는 비교도 할 수 없을 만큼 좋았지만 이상하게도 정말 하고 싶지가 않았다. 나는 곰곰이 생각했다.

'사람이 사람답게 살기 위해서 돈을 버는 게 아니었던가?'

사실 배를 타고 있었을 때만해도 전혀 그런 생각이 들지 않았지만 왠지 모르게 갑자기 그런 생각이 뇌리에 스쳐갔다. 나는 결국 그날부로 일체의 망설임 없이 사표를 제출했다. 처갓집에서는 노발대발하며 여러 가지 말을 쏟아냈다.

"기껏 어렵게 일자리를 소개시켜주었더니 하루아침에 어떻게 그럴 수 있느냐? 그 자리가 얼마나 들어가기가 힘든 줄 아느냐! 앞으로 어떻게 처자식을 먹여 살리려고 그러느냐!"

나는 그 말을 듣고도 충분히 이해가 갔다. 고마운 줄 알고 성실하고 책임감 있게 일할 줄 알았는데 하루아침에 그만둬버리니 당연히 망연자실했을 것이다. 처자식의 앞날을 생각 한다면 그렇게 해서는 안 되는 것이었다. 아내는 아예 입을 닫아버렸다. 나는 할 말이 없었다. 왜냐면 내가 잘 한 게 아무것도 없었기 때문이다. 그렇다고 딱히 잘난 것도 아니고. 고등학교 학력 주제에 국립대 장학생 아내를 맞아 감지덕지한 줄도 모르고 모든 것을 마음대로 결정해 버리니 스스로 생각해도 한심할 노릇이 아닐 수 없었다.

성실함과 책임감으로 삶의 전환점을 만들다

한 차례 큰 태풍이 지나가고 모든 게 잠잠해질 무렵, 나는 공사판에서 일을 시작했다. 먹고 살기 위한 고육지책이었다. 회사를 막상 그만두고 나니 생각 외로 들어갈 자리도 마땅히 없었다. 그래서 할 수 있는 일이라고는 몸을 써서 하는 건설현장의 노동직이 전부였다. 일명 막일이라 하는 노가다였다.

노가다 현장으로 가기 위해서는 상당히 부지런해야 한다. 새벽 5시 정도는 일어나야 제 시간에 맞출 수 있다. 왜냐면 현장에 가기위해서는 잡부들끼리 모여서 정해진 봉고차를 타고 이동해야 하기 때문이다. 그렇게 도착해서 아침을 먹고 곧바로 일을 시작하면 대략 7시 정도부터는 일을 해야 했다. 고향에서 힘든 일을 많이 해봤기 때문에 크게 힘들지는 않았지만 대리석을 들고 건물 6층과 7층을 오르내리면서 하는 작업은 그야말로 공포감 그 자체였다. 이상하게도 그 정도 높이가 나에게는 가장 무서움을 느끼게 하는 높이였다. 좌우 칸막이라도 있으면 모르겠지만 작업용 발판 자체도 약하게 보였고 칸막이도 마땅히 없다보니 도저히 밑에 쪽은 쳐다보기가 쉽지 않았다. 자칫하면 떨어질 것만 같아 다리가 후들거렸다. 그러면서도 인내를 가지고 그 일은 계속해나갔다. 그러던 중에 개인 상가건물을 짓는 분을 만나게 되었다. 그전에 했던 경험이 어느 정도는 있었고 일 자체는 워낙 열심히 하는 스타일이라 딱히 어려움은 없었다. 특히 높은 건물을 오르내리고 하는 것이 크게 없었기 때문에 너무나 감사한 마음으로 일했다. 삽을 들고 땅을 파고 벽돌과 시멘트를 나르는 것 정도는 아무 것도 아니었다. 그저 1, 2층 정도의 높이에서만 일 했으면 하는 바람이었기 때문이다. 사실대로 말하자면, 몸은 좀 힘들었지만 정신적으로는 편안한 상태였기 때문에 항상 웃는 얼굴로 상가건물 짓는 일에만 온 신경을 집중할 수가 있었다.

　상가건물 주인은 이런 나를 아주 흡족해했다. 서로 일에 있어서 역할분담이 잘 되었기 때문에 파트너로서 궁합이 잘 맞았다. 덕분에 일의 진척속도 또한 빠르게 진행되었다. 하지만 건물 완공을 앞두고 예상치 못했던 문제가 발생했다. 어느 순간부터 현금 회전이 되지 않아 상가건물을 더 이상 지을 수 없다는 것이었다. 당연히 인건비조차도 줄 수가 없었던 것이다.

"아이고, 이거 어떻게 해야 할지 모르겠네. 조금만 더 지으면 거의 완공이 될 것 같은데 한 사람 조차도 쓸 수 있는 형편이 못되니 내일부터는 나오지 않아도 되겠네. 그동안 고생이 많았는데······."

그 말을 들은 나도 너무 안타까웠다. 건물 주인은 항상 웃는 얼굴로 나를 먼저 챙겨주며 성심을 다했기 때문이다. 나는 고민이 되기 시작했다. 뭔가의 해결 방법을 찾아야 했다. 그때 한 가지 아이디어가 떠올랐다. 같이 상생하면 좋지 않을까? 분명히 시너지 효과가 있을 것 같았다.

"사장님, 제가 부족한 자금의 일부를 부담하면서 동시에 무료봉사로 건물 짓는 작업을 도와드리면 어떨까요? 대신 상가건물이 완공되면 저에게 상가 일부를 조금 저렴하게 분양해 주셨으면 좋겠는데··· 괜찮으시겠어요?"

나의 제안을 들은 건물 주인은 여러 가지 표정을 지으며 잠시 생각해보겠다고 했다. 결정이 될 때까지는 아내에게 말하지 않을 작정이었다. 며칠이 지나자 건물 주인은 나를 불렀다.

"곰곰이 생각해보니 서로에게 효과적이면서도 좋은 제안 같은데 그렇게 하도록 하세나. 평소에 눈여겨보니까 일도 워낙 책임감 있고 성실하게 잘 하던데 오히려 내가 고맙게 생각하구만. 한 번 같이 잘 해보세!"

나는 건물 주인의 배려가 너무 고마워서 성심성의껏 건물 완공을 위해 모든 잡일을 마다하지 않았다. 어떻게 보면 나에게도 인생의 전환점을 만들 수 있는 좋은 기회가 될 수 있겠단 생각이 들었다. 그래서 적당한 시점을 잡아서 아내에게 그동안 있었던 일에 대해서 모든 것을 터놓고 이야기했다. 하지만 아내의 반응은 냉담했다.

"아니, 어떻게 그런 걸 가지고 저하고 상의 한 번 안하고 혼자만 결정할 수 있나요? 상가건물이 무사히 완공되고 설령 저렴하게 분양을 받더라도 장사가 잘 되리란 보장이 없잖아요? 그렇지 않나요?"

아내의 말을 듣고 보니 나름 일리가 있고 부정적인 반응이 충분히 이해가 됐지만 나의 생각은 달랐다. 약간의 위험을 감수하지 않고서는 그 어떤 것도 이룰 수 없을 것이란 확고한 신념이 있었기 때문이다. 물론 아내의 말대로 정말 안 될 수도 있다. 하지만 부딪혀보지 않고서는 그 어떤 결과도 알 수 없다. 시작하지 않고 이루어지는 것이 과연 있을까? 나는 나름대로 아내를 설득시켰고 그런 나를 포기했는지 아내는 무언의 동의를 해주었다. 그때 그 결정이 커다란 삶의 변화를 주리라고는 상상조차 못한 일이었다.

어쨌든 나와 상가 주인과의 협업으로 건물은 무사히 완공되었고 약속대로 나는 상가 1층의 일부를 임대받을 수 있었다. 하지만 기쁨도 잠시, 막상 사용 가능한 공간이 생기자 무엇을 해야 할지 고민이 되었다. 딱히 배운 것은 없고 거의 대부분의 장사 아이템들은 주변에서 모두 하고 있었기 때문에 마땅히 할 게 보이지 않았다. 인근에 있는 상인들에게도 조언을 구해봤지만 하나같이 "뭘 해야 장사가 잘 될 수 있는지를 먼저 생각해봐야 하는 것 아닌가요?" 똑같은 말만 되풀이했다. 그런 말을 듣고서 아무리 궁리를 해봐도 그게 뭔지를 알 수 없었다. 그때 아내가 한마디 했다.

"여보, 그냥 당신이 하고 싶은 것을 하는 게 좋지 않아요? 계속 고민해봐야 해결될 것도 없는 것 같은데……."

그 말을 듣는 순간 뭔가 해결의 실마리가 보이는 것 같았다.

'그래, 맞아! 내가 하고 싶은 것을 해보는 거야. 대신 다른 곳과 차별화를 둬야겠지.'

> 언덕이 되었든 높은 산이 되었든
> 정상을 향해 걸음을 옮기는 것은 한걸음부터이다.

제4장

자신만의 방법으로

추천사

안 장 웅 (고흥군 보훈홍보대사)

비전을 가지고 행동으로 옮기면 기적이 일어난다.
"비행기" 책을 읽고 저자인 강광민 박사의 강연을 들으니
깊은 감동과 도전의식이 절로 솟구치며
많은 이들에게 읽기를 권하고자 합니다.

오늘날 우리는 급변하는 현실 속에 하루하루 바쁜 일상으로
지치고 힘든 생활에 찌들어 있습니다. 내일에 대한 막연한 생각이
다람쥐 쳇바퀴가 되어 세월만 허송합니다.

이런 무미건조한 우리들에게 새로운 꿈과 열정적인 도전을
그리고 창의적인 아이디어를 줄 서책인
비행기가 큰 선물이 되리라 믿습니다.

저자의 시련과 역경을 딛고 일어선 자서전적인 내용은
우리에게 큰 귀감이 되어 새로운 삶을 열게 할 것입니다.
읽다보면 우리 자신이 "비행기"인생을 누리리라 믿습니다.

제4장

자신만의 방법으로

임대한 상가부터 깨끗하게 치우고 정리하기 시작했다. 완공 된지 얼마 되지 않아서인지 각종 도료(塗料, Paints and varnishes) 냄새가 뒤섞여 사람들에게 좋지 않은 이미지를 줄 수 있을 것 같아서 그런 것들을 빼내는 작업도 병행했다. 생각의 정리도 어느 정도 되었는데, 결국 평소 내가 하고 싶었던 호프집을 개업하기로 마음먹었다.

나의 생각을 가족이나 주변 지인들에게 전하자 하나같이 부정적인 반응들뿐이었다. 대형 평수에 인테리어도 고급으로 해놓고 영업하는 곳도 몇 개월 못 버티고 문을 닫는 실정인데 그 많은 아이템들 중에서 왜 하필 호프집인가 하는 것이다. 그에 대한 사람들의 반응은 어느 정도 예상은 했지만 막상 듣고 보니 불안감이 엄습하기 시작했다.

"쫓아다니면서 말리고 싶다. 그냥 권리금이나 받아먹을 생각하고 적당히 봐서 빠져 나와라."

현실적으로 수긍할 만한 의견들이어서 처음부터 엄청난 부담감을 가질 수밖에 없었다. 하지만 일단 눈 딱 감고, 아내의 말대로 내가 하고 싶은 것을 하기로 마음먹은 이상 그 어떤 말에도 흔들리지 않았다. 우선 내 자신을 믿기로 한 것이다.

우리가 어떤 것을 바라고 꿈꾸며, 그것을 좌절하지 않게 유지시켜주고 성취시켜주는 것은 자신에 대한 믿음이라고 생각한다. 자기 자신에 대한 믿음과 확신이 있을 때 자신의 내면에 있는 잠재력은 극대화되고 그대로 표출될 수 있다고 본다.

될 수 있으면 자신이 좋아하는 일을 하자

사실 호프집이야 워낙 많이 다녀보았고 언젠가 기회가 되면 꼭 한번 해봐야겠다는 생각을 항상 간직하고 있었기 때문에 메뉴 구성이라든지 운영방식 등의 문제는 크게 고민거리가 되지 못했다. 일단 생각보다 별로 크지 않는 공간에서 어떻게 하면 매출을 극대화시킬 수 있을 것인지에 대한 전략이 필요했다. 실제 운영했던 경험이나 노하우는 없었지만 무엇을 하든지 단계별로 하나씩 성취해 나가는 방법이 가장 효과적이라는 것만큼은 잘 알고 있었다. 그래서 바로 그 방법을 하나씩 실천하기로 했다.

　첫 번째로 실내를 손님들로 가득 채우기 위한 작전에 돌입했다. 기존에는 손님이 시키는 안주만 주었는데 술자리가 어느 정도 무르익고 그 다음 2차를 가기 위한 움직임이 포착되면 여지없이 새롭고 푸짐한 안주 서비스를 무료로 제공했다. 그러면 대부분의 손님들은 어쩔 수 없이 술을 더 주문했고 주인으로부터 정성껏 대접을 받는다는 느낌을 받으면서 그 다음에도 가게를 또 찾아주기 시작했다. 이것은 주문으로 바쁜 와중에서도 각 테이블별 손님들에 대해 관심을 가지고 있어야 가능한 일이다. 말은 쉽지만 막상 그 상황에 있다 보면 결코 쉽지 않다는 것을 알 수 있을 것이다. 그렇게 해서 오기 시작한 손님들이 어느 순간부터 실내를 가득 채우기 시작했다. 하지만 단순하게 이렇게만 한다고 손님들이 오겠는가? 또 다른 전략은 아무리 몸이 힘들더라도 항상 웃는 얼굴로 상대방에게 긍정의 기운을 느끼게 해주는 것이었다. 이것 또한 노력이 없으면 쉽지 않은 부분이다.

　나는 항상 영업전에 거울을 보면서 웃는 표정을 만드는데 많은 시간을 할애했다. 사실 평소에 웃을 일도 별로 없거니와 굳이 웃을 필요가 없었기 때문에 그걸 고치기 위한 별도의 시간이 필요했다. 그러기 위해서 가장 먼저 시작한 것이 '웃는 얼굴'을 만드는 것이었다. 웃는 얼굴이야말로 돈이 드는 것도 아니면서 오히려 상대방에게 긍정의 에너지와 친근감을 동시에 심어준다. 그만큼 웃음은 많은 것을 담고 있다. 그때 했던 노력의 결과가 지금까지도 이어져오는 것 같다. 학교 강단도 그렇지만 특히 외부강의를 할 때면 웃음과 유머가 차지하는 비중은 아주 크다고 할 수 있다. 다양한 곳에 강의를 다니다보면 기관에 따라 잘 웃지 않고 딱딱한 사람들이 있는 곳도 많다. 이런 사람들과 대면을 하다보면 자신조차도 거기에 동화되는 경우가 있다. 그래서 강의 초반부터 그런 부분들을 없애기 위해 간단하면서도 웃음을 줄 수 있는 유머로 시작하기도 한다.

  자신만의 웃음을 가지고 있다는 것은 아주 행복한 일이다. 웃음은 어디에서나 먹힐 수 있는 중요한 자산이기 때문이다. 세계적으로 웃는 사람이 더 오래 산다는 통계도 있다. 남자보다 여자가 더 많이 웃기 때문에 여자가 더 오래 산다. 그리고 아이들은 더 많이 웃기 때문에 아이들은 더 오래 산다. 이것은 유머이지만 일리가 있는 말이다. 물론 사는 것 자체가 힘들어서 그럴 수도 있다. '웃으면 복이 온다'는 말처럼 실제 웃는 사람을 보면 상대방도 좋은 기운을 느끼면서 일 자체도 잘 될 확률이 높다고 한다. 사람의 뇌는 한번 웃을 때마다 엔도르핀을 포함해서 21가지 쾌감 호르몬을 쏟아내기 때문이다. 그중에서 '케팔린'이라는 호르몬은 모르핀보다 300배나 강한 통증완화 효과가 있다고 한다. 이렇게 강력한 것을 손님들에게 보여주었을 때 얼마나 좋은 영향을 주겠는가!

  그래서 나는 시간을 내면서까지 웃음 연습을 하였던 것이다. 손님들도 당연히 그 다음에 올 때는 자연스럽게 웃음으로 화답하곤 했다. 그런 식으로 눈에 보이지 않는 부분들까지도 신경 쓰다 보니 어느덧 가게는 손님들로 꽉 차게 되었고 밖에서 서서 기다리는 사태까지 벌어졌다. 더 이상 손님을 받을 수 없는 지경에까지 이르렀다. 사정이 그렇다 보니 정신없이 바빴고 몸은 땀으로 흥건했다. 사람은 될 수 있으면 자신이 하고 싶은 것을 해야 한다. 그래야 후회도 없다. 자신이 하고 싶은 것을 해서 그런지 전혀 피곤함은 느낄 수 없었다. 좋아하는 일을 하면서 웃기까지 하니 얼마나 손님들이 좋아하겠는가.

아내도 함께 뛰기 시작하다

호프집 개업 세팅이 마무리되자 아내도 자신만 쉬고 싶지 않다면서 시장에서 부식가게를 시작했다. 한 사람의 인건비라도 아끼기 위해서였다. 아내는 자금적인 여력이 없어서 부식을 팔 만한 가게조차도 구하기 쉽지 않았다. 일정한 크기의 공간이 있어야 하는데 현실은 녹록치 않았다. 아내는 어떻게든 가게를 찾아냈고 부식을 팔기 시작했다. 부식가게라고 하면 쉽게 말해서 '반찬가게'라고 보면 된다.

아내는 이른 새벽부터 시장통(市場通)을 누비고 다니며 부식을 만들 여러 재료들을 직접 장만하고, 시장에서 고된 하루 일과를 끝내면 아내는 호프집으로 돌아왔다. 넉넉지 않은 살림에 마땅한 방이 없어서 의자 두개를 붙이고 잠을 자기 위해서였다.

조그만 호프집의 그 비좁은 공간은 우리 부부의 유일한 안식처이자 보금자리였다. 그렇게 잠을 청하고 나서 새벽부터 일어나 부식을 팔기 위해 다시 시장으로 향했다. 당시의 아내를 생각할 때면 숙연해지곤 한다. 나는 아침 일찍 아내의 부식가게 일을 돕고, 아내도 부식가게가 끝나고 자연스럽게 나와 합류하여 호프집에서 일을 도왔다. 아내와 한 공간에서 함께 일하는 나를 보고 주변에선 대단하다고 하는 사람들이 의외로 많았다. 처음에는 무슨 의미인지 의아했지만 이야기를 듣고 보니 '그럴 만도 하겠구나'란 생각이 들었다. 부부가 함께 일 하다보면 사소한 문제로 의견대립이 되기도 하고, 그로인해 감정의 골이 조금씩 깊어지기 시작한다는 것이다. 그래서 아무것도 아닌 일 가지고 싸우게 되고 결국은 이혼까지 가는 경우도 많다고 한다.

물론 충분히 이해가 가지만 나의 생각은 조금 다르다. 거기에는 서로 간에 뭔가 문제가 분명히 있기 때문에 그런 식의 결말까지 갔으리라고 본다. 자신에게 조차도 마음이 안 드는 부분이 있는데 아무리 잉꼬부부라고 하더라도 항상 좋을 수만은 없다. 하지만 어떤 문제가 불거졌을 때 그것을 슬기롭게 해결해나가기 때문에 큰 싸움까지 번지지 않는다. 사실 거기에 대한 해답은 의외로 간단하다.

'그냥 서로를 존중해주면 되는 것!'

사람마다 누구나 자신이 가지고 있는 손의 지문이 제 각각 다르듯이 성격이나 기질 또한 다르기 때문이다. 하지만 의외로 많은 사람들이 그것을 잘못 생각하는 것 같다. 부부는 한 몸이니 모든 게 똑같아야 한다는 논리다. 그러면서 상대방을 함부로 대하며 은근히 무시하는 경우가 많다. 더불어 자신의 손아귀에 움켜쥐고 모든 부분을 컨트롤 하려는 경향이 있다. 이것은 가정에서만 적용되는 문제가 아니다.

나는 될 수 있으면 거의 대부분 아내의 의견을 존중하고 틈나는 대로 아내로부터 조언을 구하는 것도 잊지 않는다. 그동안 내 자신이 딱히 잘한 것이 거의 없었던 이유도 있지만 기본적으로 아내란 존재 자체가 가정이 잘 되길 최우선적으로 생각하기 때문이다. 그래서 나는 아내를 항상 나의 영원한 멘토이자, 조력자이자, 협력자로 생각한다. 호프집이 초기에 비해 갈수록 탄력을 받고 빠른 시간에 안정화를 이룰 수 있었던 가장 큰 이유도 아내가 나에 대한 배려와 희생이 있었기에 가능한 일이었다.

> **광민 생각**
> **부부가 행복하게 손을 맞잡으면 이루지 못할 것이 없고, 서로를 이해하다 보면 세상에 풀리지 않을 일이 없을 것이다.**

제5장

인내는 인생의 가장 큰
가치 중의 하나

추천사

최 원 (경찰공무원, 고향친구)

전라도 고흥 촌구석에서
그리 풍족하지 못한 유년기를 함께 보냈고,
현재는 하릴없이 세태에 순응하며
공직자의 길을 걷고 있는 벗으로서,
늦은 나이에도 항상 배움의 자세로
목표를 향해 뚜벅뚜벅 정진하는
친구의 열정과 용기는 제 자신을 되돌아보는
계기가 되곤 했습니다.

젊은 시절 방황의 늪에서 허덕였던
저자를 가까이서 지켜봐 왔던 한 사람으로,
이 책은 자신의 의식을 온전히 펼칠 수 없어 답답해하고
실의와 좌절에 빠진 독자분들에게 능히 자신감을 불어넣고,
어떠한 일을 만나도 지레 겁먹지 아니하고
도전을 포기하지 않을 힘을 선사할 것입니다.

아울러 나이가 많다는 이유로 배움을 두려워하거나
늦었다고 생각해 배움을 포기하는 분들에게도
희망과 용기를 줄 수 있을 것입니다.

제5장

인내는 인생의 가장 큰 가치 중의 하나

　흔히 우리가 하는 일들의 대부분은 상당한 인내심을 요구하는 것들이다. 인내(忍耐)란 슬픔, 괴로움, 억울함 등을 참는 것을 말한다. 반대로 인내심이 부족하다는 것은 참지 못하고 행동하거나 말하는 것을 의미한다.

　'인내심'은 세상을 살아가는데 필요한 최상의 가치 중의 하나라고 할 수 있다. 나는 사실 인내심과는 거리가 먼 생활을 계속 해왔던 것 같다. 사춘기를 거치면서 고등학교 때는 잊을 만하면 한 번씩 주먹을 휘두르는 등 사고를 터트리며 부모님을 힘들게 했으며, 성인이 되고 나서도 별로 달라진 게 없었던 것 같다. 하지만 처자식을 부양해야 하는 한 집안의 가장 입장에서 더 이상 그런 행동들은 할 수가 없었으며, 더더욱 해서도 안 될 일이었다. 하지만 세상이 자신의 뜻대로만 된다면 얼마나 좋겠는가.

나는 참아야 한다

그나마 일반 사회생활에서는 그럭저럭 참으면서 살 수 있겠지만 비좁은 호프집 안에서의 인내심이야말로 많은 인내심을 요구했다. 어떤 손님은 이미 술을 충분히 먹고 온 것 같은데도 한 잔만 더 먹고 가겠다며 영업시간이 이미 지났는데도 집에 가지 않고 버티는 경우도 잦았다. 그것도 조용히 있다가 가면 좋으련만 자신의 배속에 있는 모든 것을 게워내고 횡설수설 하는 모습은 참기 힘들었다. 가게에서 소파 두개를 붙여놓고 아내와 잠을 자야하는 입장에서는 여간 곤란한 것이 아니었다. 낯선 손님들 간의 패싸움도 잊을만하면 한번 씩 일어났다. 가게가 안정적으로 정착되기 전까지 힘들 때가 한두 번이 아니었다. 아마 처자식만 아니면 그동안 쌓았던 분노를 손님에게 폭발시키며 가게 문을 닫았을지 모를 일이다.

돌이켜보면 가게를 했을 때의 경험이 나를 살렸다고도 볼 수 있다. 손님들로 인한 스트레스가 머리끝까지 올라가더라도 나름대로의 인내심을 발휘하며 자제력을 키울 수 있었고, 어떻게 하면 매출을 좀 더 올릴 수 있을 것인지 등의 영업적인 노하우를 나름대로 배울 수 있었다.

인내력을 키우는 나만의 방법

나의 고향은 고흥군 도화면이다. 나는 항상 고향을 자랑스럽게 이야기한다. 물론 여러 이유가 있겠지만 한 가지만 꼽자면 그곳은 바로 충무공 이순신 장군의 첫 발령지이기 때문이다.

이순신 장군은 전라남도 고흥 발포진(鉢浦鎭)으로 최초의 수군 초급 지휘관인 '만호(종팔품)'로 그곳에 부임했다. 발포진은 지금의 전라남도 고흥군 도화면 내발리이며, 고흥반도 남쪽 끝에 위치해 있다. 서쪽으로는 거금도를 동쪽으로는 나로도를 바라보고 있다. 현재 나로도에는 세계 13번째로 완공된 '나로우주센터'가 세워져 있다. 이는 비싼 외화를 들이며 외국 발사장에서 우리의 인공위성을 발사하지 않아도 된다는 뜻이다. 동시에 우리나라도 명실공히(名實共-) 우주개발 선진국의 대열에 들어서기 시작했다는 것을 의미한다. 만약 이순신 장군이 이 사실을 안다면 얼마나 기뻐하겠는가! 이순신 장군 또한 임진왜란이 발발하면서부터 온갖 고난과 시련 속에서 상당한 인내심의 한계에 부딪쳤으리라 본다.

이순신 장군은 나이 마흔 아홉인 1593년 계사년 8월 1일에 삼도수군통제사에 임명되었다. 전라도, 경상도, 충청도의 모든 수군을 총괄 지휘하는 수군의 최고 사령관이라고 할 수 있다. 하지만 임명장이 이순신 장군에게 전달되기까지는 69일이 걸렸다고 한다. 아마 그것은 당시 조정 내부의 당쟁으로 인한 것이 아닌가 싶기도 하다. 이후 삼도수군통제사로서 바다를 누비던 이순신 장군은 나이 쉰셋인 1597년 정유년에 한산 통제영에서 체포되었다. 그의 죄목은 군공을 날조해서 임금을 기만하고 가토 기요마사(가등청정)의 머리를 잘라 오라는 조정의 출정 명령에 따르지 않았다는 것이다. 당시 선조 임금의 발언을 기록한 '선조실록'을 살펴보면 다음과 같이 기록되어 있다.

 한산도의 장수는 편안히 누워서 무얼 하고 있는가? 어찌 이순신이 가토의 머리를 가져오기를 기대할 수 있겠는가. 다만 배를 거느리고 기세를 부리며 기슭으로 돌아다닐 뿐이다. 나라는 이제 그만이다. 어찌할 고, 어찌할 고. 이순신이 부산에 있는 왜적의 진영을 불태웠다고 조정에 허위보고를 하니, 이제 가토의 대가리를 들고 와도 이순신을 용서할 수 없다.

 풍전등화의 위기 속에서 목숨을 다해 싸웠을 뿐인데 이 얼마나 억울하고 분한 마음이었겠는가! 오죽했으면 형틀에 묶여 사지가 피범벅이 되면서 고문을 당할 때 국가가 자신이 죽기를 바라니 그냥 그대로 죽여 달라고 했겠는가. 백의종군의 명을 받고 임지로 내려가는 도중에는 어머니의 죽음을 들었고, 남해 바다 전장을 누비면서는 왜군들의 칼날에 찢겨진 셋째 아들 면의 죽음을 들었다. 죽음을 들은 당일에는 하루 종일 방안에서 벽만 바라보다 거처를 벗어나 하염없이 눈물을 떨어뜨렸다고 한다. 정말 가슴이 찢어지고 고통스러운 일이 아닐 수 없다. 진정한 인내심이란 바로 이런 게 아닐까 싶다. 인내심은 저절로 생겨나는 것이 아니라고 본다. 이것 또한 자신과의 싸움을 통한 부단한 노력과 훈련이 뒷받침 되어야 어느 정도 발휘가 되리라 생각한다. 그래서 나는 내 자신만의 방법으로 인내력을 갖추기 위해 노력해왔다.

그 첫 번째로는, 내 자신이 설정한 목표에 도달하기 전까지는 무조건 참고 본다. 어떤 한 가지 목표를 정할 때까지 일정한 시간이 필요하고 그것을 성취하기까지는 훨씬 더 많은 시간을 요하기에 그 사이 습관적으로라도 인내심을 습득하라는 것이다. 만약 그것이 그대로 습관화된다면 설령 자신이 원하는 목표에 도달하더라도 그렇게 키워진 인내심은 쉽게 흔들리지 않을 것이다.

두 번째는 상대에 대한 이해의 폭을 넓힌다. 사실 이것은 어느 정도 경지에 오른 '도인'이 아니면 결코 쉽지 않은 문제다. 왜냐하면 거기에는 사랑과 배려, 웃음, 인내력 등 삶의 거의 모든 부분들이 내포되어 있기 때문이다. 그래서 나는 그것을 쉽게 단순화해서 생각하기로 했다. '아마 괜히 그러진 않을 거야. 분명히 무슨 말할 수 없는 이유가 있어서 일거야.'와 같이 생각을 조금만 바꾸고 나면 오히려 마음의 부담도 덜어지면서 상대에 대해 하나씩 이해되기 시작한다.

인생을 살면서 화나고 억울한 일이 많을 것이다. 그 모든 것을 감싸 안을 수 있는 방법은 오직 '상대에 대한 이해와 배려'라 할 수 있다.

누구에게나 위대한 기회가 주어지는 것이 아니라 준비된 사람에게만 주어진다.

제6장

자기통제와 절박함

추천사

> 이 정 재 (광주교육대학교 2대 총장)

강 : 강물처럼 겸손하고 모든 사람에게 덕을 베푸는 사람입니다.
광 : 빛을 비추어 세상을 밝혀 주는 희망의 등불입니다.
민 : 민족을 위해 큰일을 할 멋진 지도자입니다.

"비전을 가지고 행동으로 옮기면 기적이 일어난다."

강광민의 비행기는 모든 사람이 읽어야 할 필독서라고 생각합니다.
특히 젊은이들이 이 책을 만나면 인생관이 바뀌어 진다고 봅니다.

기적은 오늘도 우리를 향해 달려오고 있습니다.
그러나 그 기적은 준비된 사람에게만
이루어진다는 경구를 실천해 보인 최고의 양서입니다.

강광민의 비행기를 만나 여러분의 큰 꿈과 희망을 가꾸시길 기원 드립니다.

제6장

자기통제와 절박함

요즘 사람들은 자신의 일상이 바빠서인지 몰라도 자신에 대해 생각해보고 관찰하는 시간이 많이 부족한 듯하다. 학생은 학생대로 아침 일찍부터 학교에 가야지, 오후 늦게는 각자의 상황에 맞게 학원도 다녀야지 정신이 없을 정도다. 이런 식의 다람쥐 쳇바퀴 돌듯 하는 일정으로 한 달이 가고 일 년이 가고 하다보면 인생의 소중한 시간들이 무의미하게 흘러가는 것 같아서 안타깝다. 특히, 이들은 우리의 미래를 짊어지고 나가야 할 인재들이 아닌가. 이를 본 미래 학자인 엘빈 토플러 박사조차도 다음과 같은 말로 자신의 심정을 토로했다.

> "한국의 학생들은 하루 15시간 동안 학교와 학원에서 미래에 필요하지도 않은 지식과 존재하지도 않을 직업을 위해 시간을 낭비하고 있다"

이 얼마나 가슴 아픈 이야기인가…. 직장인은 직장인대로 하루가 쉽게 지나간다. 콩나물시루 같은 전철 안에서 출근 전쟁을 벌이며 정신적인 여력이 없다. 게다가 거의 대다수의 사람들은 휴대폰에 모든 시간과 정신을 빼앗기는 것을 쉽게 볼 수 있다. 탈 때부터 내릴 때까지 똑같은 행동의 반복이다. 이러니 무슨 생각을 할 수 있겠는가! 현재 우리는 서로간의 끝없는 경쟁 속에서 전혀 여유가 없이 앞만 보고 달려오고 있는 게 현실이다. 하늘 한번 올려다 볼 겨를도 없이 겨울인지 봄인지 느낄 여유도 없이 여름으로 훌쩍 넘어간다.

인생은 마라톤이라는 말이 있다. 마라톤을 하다보면 오르막 내리막을 떠나서도 전반적인 완급조절이 필요하다. 하지만 일반적인 아마추어의 경우는 낙오하지 않기 위해서 끊임없이 앞만 보며 달리는 경향이 있다. 인생은 속도가 아니라 방향이라는 말도 있듯이 자신이 현재 가고 있는 방향이 맞는지 또는 제대로 가고 있는지 중간에 자신의 길을 한번 정도는 되돌아 볼 필요가 있다. 그래서 혹시나 뭔가 잘못되었다고 생각하면 그 즉시 거기에 대한 궤도를 수정해야 한다. 그런 다음에 그것을 확실히 실현시키는 작업에 착수해야 할 것이다.

자기통제를 통한 성장

성공적인 인생을 살았다고 하는 사람들의 대부분은 스스로 자신의 생각과 행동, 감정, 마음 등을 절제하고 조절하는 일을 습관화하며 훈련했다고 한다. 그러기 위해서는 자신의 일을 잠깐 멈추거나 아니면 다른 상황을 이용해서라도 자신만의 생각하는 시간을 갖도록 해야 한다.

사람이 자신의 감정을 뜻대로 조절할 수 있다면 얼마나 좋겠는가. 그건 결코 쉽지 않는 부분이다. 그래서 그것을 조절하는 훈련이 필요하다. 그러기 위해서는 자신만의 멘토를 정해놓고 틈틈이 마인드컨트롤하는 것도 좋다. 나는 지금까지도 어렵거나 힘든 일이 닥칠 때면 항상 마음에 두고 멘토로 삼는 인물이 있다. 많은 사람들을 살육하고 고통 속에 빠뜨리는 행위는 비난받아야 마땅하겠지만 그것과는 별개로 그의 개인적인 삶에 대해 이야기하고 싶다. 그는 바로 세계 역사상 가장 넓은 대륙을 점유한 몽골제국의 창시자인 칭기즈칸(Chingiz Khan)이다. 그와 관련된 몇 가지 어록을 보면 다음과 같다.

첫째, '집안이 나쁘다고 절대 탓하지 말라'고 했다. 그는 아홉 살 때 아버지를 잃고 마을에서 쫓겨났다.

둘째, '가난하다고 말하지 말라'고 했다. 그는 들쥐를 잡아먹으며 목숨을 연명했으며 목숨을 건 전쟁이 자신의 직업이고 일이었다.

셋째, '작은 나라에서 태어났다고 말하지 말라'고 했다. 그는 그림자 말고는 친구가 없었고 병사는 기껏해야 10만 명, 백성은 어린이와 노인까지 합쳐서 200만 명도 되질 않았다.

넷째, '배운 게 없고 힘이 없다고 탓하지 말라'고 했다. 그는 자신의 이름도 쓸 줄 몰랐으나 남의 말에 귀를 기울이면서 현명해지는 법을 배웠다.

다섯째, '빛이 보이지 않다고 절망하거나 포기하지 말라'고 했다. 그는 다른 부족에게 붙잡혀 목에 칼을 쓰고도 탈출했고, 얼굴에 화살을 맞고 죽었다 살아나기도 했다.

인류 역사상 가장 많은 영토를 거느렸던 몽골제국의 칭기즈칸은 땅은 넓지만 사람이 살아나가는데 필요한 목초지는 한정되어 있어서 서로 치열한 경쟁을 벌어야 살아남을 수 있었다. 그런 상황에서 아내는 납치를 당하고 마을은 쑥대밭이 되었으며 부족은 여기저기로 흩어져 도망 다니는 상황에서 죽기 아니면 살기의 절박한 심정이었을 것이다. 물론 사람마다 생각하는 것이 제 각각 다를 수 있겠지만 나는 이런 칭기즈칸의 어록을 책상에 적어두고 흐트러진 마음을 잡았다.

나는 때로는 감정통제가 제대로 되지 않았기 때문에 하나씩 단계별로 실행해나가기로 했다. 감정통제가 안 되면 아무것도 아닌 사소한 것에도 화가 나고, 상대에 대한 배려와 이해력도 떨어지고 아무리 자신의 목표를 설정해 놓고 수없이 다짐을 하더라도 그것을 달성하기가 쉽지 않을 것이다. 따라서 감정을 통제하는 것은 굉장히 중요한 일이다. 하루 중에서 잠시라도 좋지 않은 감정에 노출이 되면 하루 종일 기분이 우울해지거나 나빠질 수도 있기 때문이다. 그만큼 감정통제가 중요하다.

절박함이 기회를 만들다

세바시(CBS TV의 세상을 바꾸는 시간, 15분) 164회에 출연한 천호식품의 김영식 회장은 하던 사업이 완전히 망하고 밑바닥에서 어떻게 하든지 다시 일어서고자 여러 가지로 고민을 했다고 한다. 하지만 도저히 다른 방법이 없어서 당시 결혼반지를 전당포에 맡기고 돈을 빌릴 수밖에 없었다. 그렇게 해서 역삼동에 사무실을 내고 남은 돈으로 '쑥 전단지'를 만들었다. 그런데 문제는 그 다음부터였다. 아무 직원도 없이 직접 전단지를 돌려야 하는 상황이 되자 불현듯 사업이 한참 잘 나가던 당시 '회장님' 소리를 듣던 자신의 과거가 스쳐 지나갔다.

'하, 내가 어쩌다가 이렇게까지 되었나….'

그는 마음에 자괴감도 들면서 도저히 전단지를 돌릴 수 없을 것 같았다. 하지만 더 이상 머뭇거리거나 창피함을 느낄 여유가 없었다.

그 이후 전철역부터 시작해서 사람이 보이는 곳이면 어디든 전단지를 돌렸고 여인숙에 돌아와서는 돈이 없어서 소주와 소시지 하나만으로 저녁을 대신했다. 그렇게 해서 판매한 금액이 1월에 100만원, 2월에 1900만원, 3월에 3300만원, 4월에 9800만원, 5월에 1억5000만원… 결국 20만원으로 시작한 사업은 2년이 채 못 되어 빚 22억을 남김없이 모두 다 갚을 수 있었다고 한다.

나는 S전지를 그만 두고 나서 처음으로 인생에 대한 진지한 고민을 시작했던 것 같다. 당시만 해도 다른 사람들의 말은 전혀 신경 쓰지 않고 하고 싶은 대로 했고, S전지 근무 당시에도 마찬가지였다. 하고 싶으면 하고 그렇지 않으면 곧바로 그만 두어버렸다. 이것저것 생각해보면서 고민하고 싶지도 않았다. 하지만 막상 건설 현장의 일용직 노무자로 일하면서부터는 세상이 녹록하지 않다는 것을 알게 됐다. 그동안 정신적으로나 육체적으로 너무 편안한 삶을 살아왔던 것이다. 그것을 깨닫고 난 이후부터는 새로운 인생을 살기 위하여 절박한 심정으로 기회를 엿보기 시작했다.

나는 일용직 건설 현장의 노무직으로 일 하면서 더 이상 일을 할 수 없게 되었다는 이야기를 들었을 때, 그야말로 모든 희망이 사라지는 것 같았다. 어떻게 하든지 방법을 찾아야만 했다. 간절한 심정으로 일단 상가 주인에게 매달려서 도대체 어떻게 해야 상가를 완공

할 수 있을 것인지를 물었다. 알고 보니 상가 주인은 함께 일 할 사람도 있어야 했지만 약간의 추가 자금도 필요로 했던 것이다. 며칠 동안 고민한 끝에 남들이 생각지도 못하는 제안을 내놓았고 상가 주인은 그런 나의 제안을 감사하는 마음으로 받아들여주었다. 사실 서로가 절박한 심정이었기 때문에 이것저것 가릴 상황이 아니었다. 그렇게 해서 상가 건물도 무사히 완공되었고 조그만 공간이지만 소중한 가게도 부담 없는 가격으로 얻게 되어서 호프집을 시작할 수가 있었다.

모든 것의 첫 출발은 내 자신이다.
귀함을 받는 것도 내 자신에서 나오는 것이요,
미움을 받는 것도 내 자신에서 나오는 것이다.

제7장

나를 살리는
끊임없는 시도

추천사

전 선 영 (서울사회복지대학원대학교 교수)

"비전을 가지고 행동으로 옮기면 기적이 일어난다."

아무리 어둠을 지키려고 굳게 문을 잠그어도
그것을 이기는 밝은 빛을 주는 아침이 있습니다.
절망으로 가득한 미로 속도
그 절망을 이길 수 있는 것이 바로 희망입니다.

강광민 박사는 밝은 빛이고 희망이기에
어둠과 절망을 희망으로 승화하여
푸른 창공에 비행기를 날렸습니다.

우리 모두의 꿈과 희망을 실은 비행기는
이 책을 읽는 순간 힘차게 비상을 하였습니다.

21세기를 사는 우리들에게 더 높이 더 멀리
날 수 있는 꿈과 희망을 주는 책이기에 추천합니다.

제7장

나를 살리는 끊임없는 시도

　사회생활을 하면서 배움의 중요성과 독서의 필요성을 깨달았다. 사춘기를 거치면서는 학업에 대해 전혀 관심이 없었고 제대로 책 한 권을 읽지 않았으니 얼마나 긴 허송세월을 보냈던가. 하지만 사업체 운영을 하면서 저녁시간을 이용하여 학업을 이어간다는 것은 사실 보통 일이 아니다. 업무의 특성상 주간에는 필수적으로 해야 하는 일을 처리 하고, 야간에는 영업 및 마케팅 활동을 해야 했기 때문에 그런 시간을 활용해서 공부를 했다. 이는 하루에 3가지 일을 동시에 해야 한다는 것을 의미한다. 모든 게 시간을 내야 가능한 일이기 때문이다. 사람에 따라서는 아무리 시간을 내서 공부를 이어 나가고 돌파구를 찾으려고 해도 자신만의 뚜렷한 목표가 없이는 불가능한 일이다. 터닝 포인트가 될 수 있는 무언가를 만들 수 있는 뚜렷한 목표가 있어야 한다.

사실 내가 대학 강단에 서고, 전국으로 강의를 다닐 수 있는 이유는 적절한 시간의 분배와 그것을 통한 삶의 방식부터 바꿔보고자 했던 게 중요했던 것 같다. 나는 남들과 똑같이 하는 것을 별로 좋아하지 않는다. 머리도 특출 나지도 않는데 남들과 똑같이 먹고 자고 일한다면 과연 무엇을 할 수 있겠는가?

'남들이 1시간 공부할 때 나는 3시간 공부해도 될까 말까 하다.'는 생각을 항상 가지고 생활했기 때문에 지금까지 무난하게 잘 버티면서 지내오지 않았나 싶다.

'주인과 직원은 하늘과 땅 차이'라는 말이 있듯이 주인의식을 가지고 모든 일에 적극적으로 나섰다. 주인은 어려운 일을 만났을 때 적극적이게 되고 문제를 해결하려고 하지만 직원은 어려울 때일수록 그 일을 해결하기보다 떠날 것을 먼저 생각한다. 주인은 궂은일이나 좋은 일이나 가리지 않고 모든 일을 자기 일로 여기지만 직원은 자기가 좋아하는 일만을 골라서 하고 자기 취향만을 쫓는다. 주인은 찾아오는 모든 사람들을 귀하게 여기고 배려와 섬김을 먼저 생각하지만 손님은 자기 자신에 대한 인기를 먼저 생각하고 섬김 받기를 바란다. 나는 대충대충 살지 않고 주인 입장에서 생각하면서부터 모든 것이 달라지게 되었다. 아무리 어렵고 전혀 모르던 일도 끊임없이 노력하다 보면 언젠가는 해결되어 지고 꿈은 반드시 이루어지는 것이다.

자신만의 방법이 필요해

관할 세무서에 사업자등록 신고를 하는 것은 누구나 공통적으로 해야 하는 의무사항으로 알고 있지만, 정작 손님들에 대한 서비스에 신경 쓰는 업주들이 의외로 많지 않다. 이것은 자신이 어떻게 하느냐에 따라서 달라질 수 있는 여지가 많기 때문이다. 주인이 직접 매장을 지키는 경우와 그렇지 않는 경우에 따라 매출이 달라지는 경우도 꽤 많기 때문에 신경을 쓰지 않을 수가 없다. 그러므로 자신만의 차별화된 방법으로 사업을 해야 한다.

나는 강의나 경영컨설팅을 할 때 주로 이런 이야기를 한다. 대부분의 사람들은 모든 일을 시작할 때 희망의 시나리오로 가득 차있다. 하지만 나는 사업을 시작하기 전 망하는 시나리오를 가지고 하라고 조언한다. 또한 너무 부정적으로 생각하면 아무것도 할 수 없기 때문에 일주일 정도 부정적인 조사가 끝나면 희망의 시나리오로 사업을 진행하도록 한다. 먼저 어떻게 하면 망할 수도 있는지 적어보고 동종업종 중에서 곧 망할 것 같은 사업장을 찾아다니며 이용을 하다 보면 어떤 문제점이 있는지 보이기 마련이다. 그러면 본인이 사업을 진행하면서 어떻게 대응할 것인지에 대한 대처능력이 생기게 되어 있다. 따라서 희망의 시나리오만 가득한 사람과 부정적인 시나리오로 준비된 사람의 차이점은 희망의 시나리오만 가지고 있는 사람은 어려운 상황이 몇 번 닥치면 포기해버리지만, 부정적인 시나리오로 준비한 사람은 어려운 상황이 닥쳤을 때 대처능력을 발휘하여 성공적으로 사업을 이끌어 갈 수 있다.

또한 좋은 상권이 아니어도 사업이 잘 되는 방법으로는 상권 분석에 차별화를 두어 자신만의 특별한 서비스를 개발함으로써 성공적으로 끌어 갈 수 있다. 상권분석 방법은 모든 상품에 적용이 된다. 예를 들어, 서울하고도 가장 비싼 상권인 강남에 있는 어떤 상품의 판매가격과 전라남도 고흥에서 파는 같은 물건의 가격은 차이가 날까? 아니다. 대부분 비슷하다는 것을 알 수 있다. 그러나 강남의 땅값과 고흥의 땅값, 또는 임대료는 많은 차이가 날 것이다. 이러한 점을 감안하여 자신만이 할 수 있는 특별한 서비스를 찾을 필요가 있다.

올바른 결정은 인생의 향방을 좌우한다

인생은 결정의 연속이다. 고향에서 뭔가를 해볼 것인지, 과감하게 상경을 해서 새로운 것을 해볼 것인지, 아침은 무엇을 먹을 것인지 등 사소한 부분부터 '결정'이라는 부분을 제외하고는 인생을 논할 수 없을 정도다. 옳은 결정이 행복을 가져다주기도 하지만 잘못

된 결정은 뼈아픈 후회를 가져다주기도 하기 때문이다. 나 역시 처음 호프집을 했을 때나 회사를 인수할 당시나 야간 대학을 갔을 때나 모든 게 '결정'의 연속이었다. 그때의 결정들은 나를 올바른 길로 이끌어주었고 지금까지도 긍정적으로 큰 영향을 주는 것 같다.

야구에 조금이라도 관심이 있는 사람이라면 국내 프로야구의 '이대호' 선수를 잘 알 것이다. 지금은 타자로 활동하고 있지만 사실 그는 고등학교 때까지 투수로 활동했다. 하지만 프로입단 이후에 투수보다는 그의 타격 재능을 알아본 감독에 의해 타자로서 전환 작업이 시작되었다. 그때까지만 해도 많은 대중들은 그의 이름조차도 들어보지 못한 상태였다. 투수로서의 성공을 바랐던 그는 감독의 권유를 받고나서 얼마나 많은 고민을 했겠는가. 어려서부터 타자로 활동했던 선수들이 한두 명도 아니고 각 구단마다 후보 선수들까지 즐비하게 포진되어 있었으니 타자로 전향한다는 것은 쉽지 않은 결정이었을 것이다. 특히나 신인시절에 무리한 훈련으로 십자인대 수술까지 받았으니 말이다.

이대호 선수는 본격적으로 타자로 전향한 후에 타석에 섰지만 마음먹은 대로 타율은 나오질 않았고 팬들의 비난은 거셌다. 그럼에도 불구하고 감독과 타격코치는 믿음과 인내로 꾸준하게 그를 기용했으며 결국 한국야구를 평정하고 일본까지 진출하여 일본 시리즈 MVP 수상을 하게 되었다. 이런 그에게 구단은 고액의 연봉을 제시하였지만 그의 꿈은 메이저리그로 향해 있었고 시애틀 매리너스에서 연장 10회 말 대타로 나와 역전 2타점 끝내기 결승 홈런을 치기도 했다. 그러기까지 이대호 선수에게도 매순간이 '결정'의 순간이었을 것이고 노력과 인고의 시간이었을 것이다. 세상 그 어떤 것도 그냥 이루어지는 것은 없기 때문이다.

<결정의 지혜>라는 책에서 인생의 수많은 기로에서 우리가 어떤 길을 선택하느냐에 따라 삶의 질과 양은 크게 달라진다고 했다. 많은 사람들은 바로 눈앞의 이익에 눈이 멀어서 실패의 쓴맛을 보는 경우가 많다. 이렇듯이 인생과 역사를 움직여온 힘은 변화하는 상황과 처지에 맞는 현명한 '결정'들이 낳은 결과이며, 매순간의 결정에 있어 가장 중요한 것은 자기 자신의 삶을 사랑하고 책임질 줄 아는 것이라는 사실을 깨닫게 해준다. 흔히 실패를 하게 되면 운명을 탓하거나 다른 핑계를 찾는데 그 결정의 주체는 바로 자신이며, 그렇기 때문에 현명한 결정을 내리기 위해서는 지혜와 원칙을 갖고 있어야 한다. 나는 지금까지도 어떤 일을 할 때 '한 번 결정을 했으면 절대 후회를 하지 말자. 내 자신의 본능과 감정에 충실하며 최선을 다하자!' 라고 다짐한다.

**시간은 누구에게나 정해져 있다.
그 시간에 무엇을 할 것인지는 자신이 선택한다.**

제8장

시간 활용을 통한
인생의 방향 전환

추천사

추 창 엽 박사 (바른통일포럼 상임대표)

언행일치를 할 수 있는 것은 사람뿐이다.
인류가 과학문명의 혜택을 받으면서
풍요롭게 살 수 있는 것은 글자 때문이다.

글은 내일을 밝혀주는 등불이며 나침판과 같다.

비행기 작가 강광민 박사는 비행기를 통해
인류에게 하면 된다는 진리를 가르쳐 주면서
꿈은 좌절하지 않고 꾸준히
노력하면 반드시 이루어진다는
엄연한 사실을 독자들에게 심어주었다.

잘 살기를 원하는 사람은 비행기를 타고
더 높이 올라가시기를 바라는 간절한 마음으로
이 한권의 책을 추천합니다.

제8장

시간 활용을 통한 인생의 방향 전환

효과적인 시간 활용에 대한 궁리(窮理)를 하다 보니 뭔가 해결책이 있어 보였다. 일단 메뉴부터 바꿔보기로 했다. 매출에 큰 도움이 안 되면서 손이 많이 가는 것들은 가공이 된 상태의 단품 메뉴로 바꾸었고, 수개월 동안 손님들을 상대하다 보니 어느 정도의 선호도가 나왔다. 주류 주문과 청소도 같은 시간대에 처리하다 보니 한결 시간적인 여유가 생기기 시작했다.

우리가 어떤 문제에 부딪혔을 때 걱정을 가장 먼저 하게 되어 있다. 그 중심에는 자기 자신이 자리 잡고 있기 때문에 좀처럼 해결책이 나오지 않는다. 그럴 때는 '궁리'를 해야 거기에 대한 해결책을 찾을 수 있다. 왜냐면 '궁리'안에는 자신과 다른 대상까지를 포함하고 있기 때문에 어떤 문제가 보이기 시작하면서 크게 만족스럽지는 못하더라도 어느 정도는 해결이 되기 마련이다.

궁리는 물과 같아서 지혜를 불러온다고 한다. 자신에게 내재되었던 경험과 지식과 조언들을 모으는 힘이 있다는 것이다.

시간을 쪼개 궁리를 찾다

나도 가게에만 있어서는 도저히 답이 나올 것 같지 않았다. 그래서 호프집이 안정화되면서 오전과 오후 시간을 활용해서 또 다른 뭔가를 하기 위해 백방(百方)으로 알아보고 다녔다. 그러던 어느 날, 우연히 세탁물 및 침구류를 제조하는 회사에서 새롭게 일을 시작하게 되었다. 그것은 이불, 침대시트, 타월과 같은 종류를 호텔 등 숙박업소에 납품하는 배송기사 업무였다. 한 번도 해본 적이 없는 배송업무 일에 또 다시 부딪혀보기로 마음먹었다.

나의 장점중의 하나는 어떤 것이든지 적극적으로 도전해보는 점이다. 무엇을 하든지 직접 해보는 것을 좋아한다. 또한 뭔가를 결심하거나 결정하기까지는 많이 알아보며 고민도 하지만 일단 그것이 정해지면 곧바로 실행하는 타입이다. 배송기사 업무도 많은 고민을 하고 시작했었던 일이었다.

새벽까지 호프집 영업을 하며 배송기사 업무를 한다는 것은 결코 쉽지 않은 일이다. 아침이나 점심을 굶어가면서 배송 일을 하다보면 몸은 훨씬 더 피곤함을 느꼈다. 시간이 정해져 있다 보니 식사시간을 맞추기도 힘들었고 운전대에 앉아 빵이나 김밥으로 대신하기 일쑤였다. 잠이 부족한 상태에서 아침부터 운전을 하는 것도 힘들었지만 숙박업소를 드나들다 보니 은근히 사람을 무시하는 경우가 많았다. 직업에는 귀천이 없다고들 하지만 그건 말뿐이었다. 피부로 느껴질 정도로 함부로 대하는 사람들을 볼 때면 오히려 상대방이 측은하게 느껴졌다. 배송업무는 어떻게 보면 제조업체와 소비자를 직접 연결해주는 교두보 역할을 한다고 보면 된다. 여기에 어떻게 직업의 귀함과 천함이 있을 수 있겠는가?

입으로 좋은 말은 누구나 한다. 하지만 정작 행동이나 태도에서 그것이 아니기 때문에 상대에게 깊은 상처를 주는 경우가 많다. 그렇다고 당한 사람 입장에서는 눈에 보이지도 않고 전혀 티가 나지 않기 때문에 그걸 가지고 어떻게 할 수도 없다. 직업에 대한 사람들의 생각이 말과는 상당히 다름을 알 수 있다. 은연중에 무시당한다는 느낌을 받게 되면 웃는 얼굴도 없어지고 위축이 되면서 열정도 사라지게 된다.

외국의 경우는 직업의 귀천이 없다. 청소부, 장의사, 가게 점원 등 너무나 다양한 일들이 있는데 모두들 각자의 일들을 좋아하고 즐기는 경향이 높다. 한국의 경우는 생계유지 때문이나 다른 사람들에게 보여지기 위한 경우가 많다. 호주의 경우도 변호사, 은행원, 전문 비즈니스맨 같은 경우도 본업 후에는 또 다른 아르바이트를 하는 경우도 종종 있다. 그래서 외국의 경우는 자신의 직업이 좋다고 우쭐대거나 뽐내는 경우가 거의 없다. 우리도 이런 부분이 고쳐져야 한다. 심각한 청년실업을 겪고 있는 젊은이들도 주변 지인들이나 가족에게 떳떳한 모습으로 보이면서 자신이 하고 싶은 일을 할 수 있을 것이다.

어쨌든 나는 비가 오나 눈이 오나 아침 일찍부터 호프집 문을 열 때까지 운전대를 잡으며 배송기사 일을 쉬지 않고 이어나갔다.

위기 속에서 찾아 온 기회

그렇게 일을 하다 보니 주변 이목과는 상관없이 하루를 시간대별로 나눠서 효과적으로 일을 할 수 있게 되었다. 주위의 시선은 전혀 신경 쓰지 않고, 오직 내 자신의 일에만 집중했다. 시간이 갈수록 호프집도 어느 정도 자리를 잡기 시작했고 배송기사 업무도 점차 안정화가 되어 갔다. 그러면서 주변에서 바라보는 시선도 서서히 달라졌다.
모든 일은 자기 자신이 어떻게 하느냐에 따라 다르다. 나는 회사의 상사로 있는 직원이 귀찮아하는 일은 모두 도맡아 했다. 그러다 보니 사장은 상사를 그만두게 하고 그 자리에 나를 앉혔다. 과장은 영업과 수금이 주된 업무였는데 나는 배송업무와 영업 그리고 수금업무를 자진해서 했다. 그렇다고 영업을 잘하는 사람은 아니었다. 나는 대인공포증이 있어 남 앞에만 서면 긴장되고 머릿속이 하얗게 되어 뜻대로 영업하기가 쉽지 않았다. 매일 영업멘트를 연습하지만 거래처 사장 앞에 서면 아무것도 생각이 나지 않고 입이 떨어지지 않아 명함을 드리고 인사만 하고 되돌아 왔다. 그렇게 돌아오면서 스스로를 채찍을 하면서 매일 반복적으로 같은 시간대에 거래처를 방문하여 인사만 드렸는데 하루는 거래처 사장님께서 부르셨다.

"어이 여기 뭣 하러 왔는가?"
평소 전혀 반응이 없던 사장님의 질문에 나는 깜짝 놀랄 수밖에 없었다.
"네, 영업 왔는데요."
"뭐하는 회사인데?"
"세탁공장인데요."
뭔가를 잠시 생각해보던 사장님은 내 얼굴을 빤히 쳐다보면서 보일 듯 말 듯 한 미소를 머금고 어깨를 두드렸다.
"그래? 그럼 한번 해보지 그래."
그렇게 나의 첫 영업은 성사되었다. 그 순간 모든 것을 다 가진듯 한 기분이었다.

그날 이후 거래처 사장님은 많은 분들을 소개시켜 주었고 나는 그 때부터 자신감을 가지고 본격적으로 영업을 시작했다. 워낙 적극적으로 뛰어다니며 과장보다 더 많은 영업을 하게 되자 사장은 과장을 해고하고 나를 과장으로 임명하게 되었다. 지금 생각해보면 영업을 무식하게 했지만 거래처 사장은 말을 잘 하는 것 보다 성실함을 보았던 것 같다.

그리고 공장장은 사장의 친동생이었는데, 기계가 고장이 나면 고치는 기술이 전혀 없었다. 그래서 항상 AS를 불러서 고치곤 했다. 나는 기계를 특별히 배운 적은 없지만 배를 타고 막노동 건설현장에서 '이가 없으면 잇몸으로'라는 식으로 부딪쳐 안 되는 것이 없음을 경험한 터라 항상 굳건한 자신감 하나로 살아왔다. 그 때문에 어느 날, 기계고장으로 공장이 멈춰서 버린 상태에서 공장장은 퇴근하며 서울에 있는 업체에 전화로 AS요청을 해놓고 빠져나갔다. 그런데 당일 기계를 고치지 않으면 다음날 거래처 업무에 차질이 불가피한 상황이어서 나는 혼자 공장에 남아 기계를 분해하기 시작했다. 어느 정도 분해를 하다 보니 기어가 깨져있어 그 부분을 기계가공 공장으로 가져가 새롭게 가공하여 다시 조립을 했다. 분해과정에서 부속들을 그림으로 그려서 분해를 했는데 기름이 범벅이 되어 도무지 조립이 되지 않아 몇 번을 반복하여 조립을 완성할 수 있었다. 그렇게 밤을 꼬박세우며 기계를 고쳐서 정상적으로 공장을 가동시켜 놓은 것을 보고 사장님은 감동한 나머지 친동생인 공장장을 해고하고 나를 공장장으로 임명했다. 4년이란 짧은 시간동안 말단 배달 사원에서 대리, 과장, 공장장까지 초고속 승진을 했다. 회사도 나와 함께 안정적으로 성장을 하고 있었다. 모처럼 안정되게 일을 찾았다고 생각하고 있을 때 회사가 경제적인 문제로 경영에 문제가 생기기 시작했다. 그러던 어느 날, 회사의 대표는 나에게 뜻밖의 제안을 했다.

"광민씨, 요즘 우리 회사가 꽤 어렵다는 것은 대충 들어서 알고 있지? 그래서 말인데, 혹시 우리 회사를 인수할 생각은 없는가? 그동안 내가 자네를 지켜본 결과 자네의 성실함과 책임감은 우리 회사를 가장 성공적으로 이끌어 갈 수 있을 것 같아서 저렴하게 인수를 하는 것이 어떤가?"

나는 회사 대표의 제안을 듣는 순간 만감이 교차했다. 마음속에서는 회사운영에 대한 막연한 꿈을 가지고 있었지만 생각지도 못한 순간에 그것을 들었기 때문이다. 물론 회사 경영을 한 번도 해본 적이 없었지만 절대로 실패하지 않을 자신감은 있었다. 다니던 회사의 대표로부터 인수제안을 듣고 한편으로는 기쁘면서도 걱정이 앞서기도 했다.

사실 나는 대표가 제안한 회사를 놓치고 싶지 않았다. 인생의 처음이자 마지막 기회일지도 모르는 일이었다. 최대한 빨리 결정을 해야 했다. 회사는 어떻게 하느냐에 따라서 전망이 달라진다. 나 자신이 회사의 악재들을 모두 해결해봤기 때문에 더 이상 망설일 이유가 없었다. 그래서 나는 다음날 곧바로 인수 의사를 밝혔고 다니던 회사를 큰 어려움 없이 인수할 수 있게 되었다. 사실 지나고 보니 말단 직원부터 중간 관리자에서 사장까지 모두 해고하고 그 자리를 내가 차지하는 결과를 가져왔다. 되돌아보면 그때 어떻게 그렇게 무모하게 4년 동안 야간에 호프집을 운영하면서 주간에는 직장생활을 하며 승승장구하여 두 마리 토끼가 아니라 토끼 가족을 잡을 수 있었는지 상상이 되질 않는다.

어떤 일을 할 때 남과 똑같이 하게 되면 똑같은 사람이 될 것이다. 하지만 남과 다르게 행동 할 때는 분명 다를 수밖에 없다.

제9장

본격적인
회사 운영의 시작

추천사

> 최 용 남 (청소년 사역자. 꿈사랑교회 담임목사)

비행기. 책을 받아 단숨에 읽었습니다
평범한 삶에서 벗어나 비범한 인생으로의 변화를 보았습니다.
보통은 알아갈수록 실망하는데,
강광민 박사는 알아갈수록 진국이고 믿음직스럽습니다.
탁월한 아이디어는 독보적이며 매너와 추진력 또한 베테랑입니다.

지금도 충분히 훌륭하지만 더 큰 일을 해주시기를 바라며 응원합니다.

한권의 책을 읽어야 한다면 비행기를 권합니다.
비행기 책은 평범하면서 위대하게 인생을 바꿔줄
한 사람을 만나게 될 것입니다.
마침내 열정이 솟구쳐 행복한 자신을 만나게 될 것입니다.

도전과 열정이 필요한 모든 이들에게 일독을 권합니다.
큰 도전이 될 것이라 확신합니다.

제9장

본격적인 회사 운영의 시작

    지인들은 나의 성실함과 책임감의 결과로 운 좋게 회사를 인수할 수 있게 되었다고 말한다. 하지만 사실 내 생각은 그것과는 조금 다르다. 성실함과 책임감을 갖춘 사람들은 주변에 너무도 많다. 그래서 그것만 가지고는 부족하다고 본다. 자신의 업무를 가지고 있는 사람이라면 누구나 할 것 없이 기본적으로 갖춰야 할 '최소한의 것'이라고 생각하기 때문이다.

    한 회사를 이끄는 대표가 되었든 말단 직원이었든 어느 누구에게나 신뢰받고 한 몸으로 움직이기 위해서는 일관성 있는 행동과 사고방식이 중요하다고 생각한다. 왜냐하면 현재의 상황이나 운명은 누가 만들어주는 것이 아니라 자기 자신이 만든다고 믿기 때문이다. 사업에 있어 성공한 사람은 가까운 일부터 차근차근 하면서 목표를 향해 끝까지 전진하지만, 실패한 사람은 가까운 일은 소홀히 하고 먼 미래에 대해서만 이야기하며 중도에 포기해버린다. 이처럼 세상의 이치는 동일한 것 같다. 그래서 당장 눈앞에 보이는 현실이 아무리 어렵고 힘들더라도 주어진 여건에서 꾸준하게 행동하다 보면 언젠가는 자신에게 한두 번 정도의 기회는 주어질 것이다. 그리고 사람마다 생각의 변화나 행동의 변화는 언제든지 있을 수 있다고 생각한다.

하지만 본인의 주관이 뚜렷하고 일관성 있는 행동과 목표의식만 분명히 있다면 자신이 하고 싶은 일이나 이루고자 하는 것들은 확실하게 이룰 수 있다고 본다.

내 눈에는 희망만 보였다

호프집을 정리하고 가지고 있는 전 재산과 은행의 대출금으로 공장을 인수했다. 회사의 공장을 인수 받던 날, 나는 세상 그 어떤 것도 부럽지 않았다. 하지만 가족의 희생을 생각하면 저절로 눈물이 흘러나왔다. 두 번 다시 없을 기회라고 판단한 나는 살던 전셋집을 빼서 공장을 인수할 수밖에 없었다. 그러다보니 마땅히 살 곳은 없고, 컨테이너박스에서라도 생활을 해야 했다. 새 컨테이너박스를 살 수 있는 형편도 못돼서 적당한 것을 찾기 위해 이리저리 뛰어다니기 시작했다. 남은 돈을 모두 털어 어렵게 중고 컨테이너박스를 구입할 수 있었다. 3m×6m의 비좁은 컨테이너박스 안에 주방과 안방을 꾸미다보니 간신히 누워 잠잘 수 있는 공간이 생겼다. 아들 둘은 그곳에서 학교를 다녔고, 이를 안 친구들로부터 놀림의 대상이 되곤 했다. 아내는 아픈 가슴을 부여잡고 아이들을 학교에 보내야 했다.

"여보, 그래도 우리에게는 꿈이 있지 않소? 열심히 공장을 돌려 우리가 원하는 멋진 집을 지을 때까지 조금만 더 참고 버텨봅시다."

아내는 눈물을 머금고 고개를 끄덕였다. 나는 말은 그렇게 했지만 당시는 전혀 앞을 내다볼 수 없는 상황이었다.

처음에는 대표라는 직함도 가지고 원하는 대로 마음껏 회사를 운영할 수 있을 것 같았다. 하지만 그런 기쁨은 얼마 가질 못했다. 막상 회사를 인수받고 보니 종업원 입장에서 봤을 때와는 확연하게 다르다는 것을 알게 되었다. 회사의 재정 상태는 생각보다 훨씬 심각했고 수익화 할 수 있는 아이템이 너무 열악했다. 회사 인수 당시에 전혀 고려하지 못한 것들이 하나씩 수면위로 올라오자 '눈에 보이는 것이 전부가 아니구나' 라는 생각에 잠을 이루지 못하였다. 향후 수익구조에 대한 부분은 그렇다 쳐도 가장 큰 고민이 회사의 재정문제였다. 잘못하면 파산까지도 갈 수 있는 상황이었다. 직원들의 급여는 제대로 지급되지 못했고 일 하고자 하는 의욕까지 상실되고 말았다.

감동을 파는 장사꾼

한 회사의 대표이자 선장으로서 핵심적인 '방향키'를 쥐고 있는 이상 내 자신부터 회사의 혁신을 위하여 모든 것을 집중해야 했다. 아무리 생각해도 기존 방식으로서는 회사가 정상화될 수 없다는 것이 분명해보였다. 그래서 과감하게 새로운 판을 짜기 시작했다.

일단 직원들의 근로 의욕부터 높이기로 했다. 어느 회사건 대표 한 사람만 열심히 뛴다고 해서 될 수 있는 게 아니라고 생각했다. 부채에 허덕이는 회사를 최대한 빨리 수렁에서 건져내려면 경영자와 같은 마음으로 함께 뛰어 줄 직원들이 필요했다. 자신이 몸담고 있는 회사의 직원 모두가 자신의 회사라고 생각하며 최선을 다해 주어야 회사는 발전한다고 믿고 있다. 특히, 나와 같이 영세한 회사를 인수한 경우는 직원들이 별로 많지 않기 때문에 한 사람 한 사람이 나의 동반자이자 소중한 파트너라는 인식이 중요하다. 그리하여 나는 먼저 직원들의 주인의식을 심어주기 위해 성과급 제도를 도입하고 노력한 만큼 수당을 많이 가져갈 수 있는 시스템을 만들었다. 내부 고객인 직원들의 만족도를 높이고, 거래처의 소비자들을 만족시킬 수 있는 방법은 단순히 물건을 파는 장사꾼이 아니라 상대방의 마음을 이해하고 위해 줄 수 있는 감동을 파는 장사꾼이 되기로 했다.

또한 실질적인 수익을 가져올 수 있는 아이디어를 만들었다. 그것은 바로 '판매방식과 결재방식의 도입'이었다. 기존의 판매방식은 영업직원과 사장이 직접 영업하는 방법이다. 하지만 나는 기존 방식과는 달리 네트워크 방식으로 거래처 사장을 영업직원으로 활용하는 나만의 영업시스템을 만들었다. 가령 거래처 사장이 다른 기업을 소개시켜 거래가 이뤄질 경우 본인 매출의 일부분을 돌려주는 방식으로 소개시켜준 사업장의 매출과 관계없이 본인 매출액의 5%를 1년간 할인해주는 방식이다. 예를 들면 거래처 사장의 매월 결제금액이 100만원이면 5만원씩 1년 동안 할인을 받기 때문에 거래처 사장은 60만원의 수익이 발생한다. 우리 회사의 직원이나 사장인 내가 자사 제품이 좋다고 한다면 영업멘트이기 때문에 신뢰성이 높지 않다. 하지만 동종업종 사장이 우리 회사의 제품에 대한 장점을 이야기하면 진실성이 있으므로 영업은 쉽게 이뤄질 가능성이 높다. 또한 거래처 사장이 우리 회사의 영업직원화되어 있기 때문에 모든 거래처 사장은 우리 회사의 홍보를 함으로써 회사의 이미지는 좋은 상태로 부각되어 성과를 가져왔다. 실제로 이는 많은 거래처를 확보하고 회사를 급성장하게 만드는 초석이 되었다.

당시 영업과 수금을 위해 직접 거래처를 방문할 일이 많았다. 아이를 돌봐줄 사람이 없다보니 가끔씩 아이를 데리고 거래처를 가야만 하는 상황도 생겼다. 어느 날 늦은 오후의 일이다. 그날도 아이가 유치원을 가지 않는 날이어서 큰 아들을 데리고 거래처에 수금을 갔는데, 차에서 내리려하니 아이가 곤히 잠들어 있어 깨워도 일어나질 않았다. 한편으론 불안했지만 할 수 없이 그냥 거래처에 수금을 갈 수 밖에 없는 상황이었다. 그렇게 거래처에서 바쁘게 일을 보고 돌아왔을 때 아이가 차에서 보이질 않는 것이 아닌가! 갑자기 하늘이 노랗게 변했다. 머리는 무얼 어떻게 해야 할지 아무 생각을 할 수가 없었다. 주변을 뛰어다니며 살펴보아도 도무지 찾을 수가 없었다. 회사에 급하게 연락해서 와이프에게 상황을 이야기하자 와이프는 울고불고 난리가 났다. 억장이 무너지는 심정으로 땀과 눈물이 범벅이 되어 주위를 다 뒤져도 찾을 수가 없어 정신이 나간 사람처럼 넋을 놓았을 무렵 와이프로 부터 전화가 왔다. 한참 떨어진 파출소에 아이가 있다는 내용이었다. 나는 부리나케 뛰어가 파출소에서 아이를 만날 수 있었다. 이산가족 상봉현장을 방불케 하는 기쁨도 잠시 아동학대범으로 몰려 진땀을 흘려야 했다. 이런 일을 겪으면서까지 나는 첫 사업에 대한 열의와 정성을 쏟았다.

그럼에도 불구하고 거래처의 수금은 뜻대로 되질 않아 항상 자금난에 허덕였다. 특히 한전의 전기요금은 나에게 사형선고와 같은 존재였다. 2개월 이상 연체를 하게 되면 곧바로 연락이 왔다. 자신들이 정한 기한까지 연체료를 납부하지 않으면 단전하겠다는 통보였다. 그 말을 들을 때마다 앞이 깜깜했고 거래처를 뛰어다니며 마감 일보 직전에 간신히 연체 납부를 할 수 있었다. 오직 그럴 때만 잠깐이나마 한숨을 돌릴 수 있었다. 그러던 어느 날, 그날도 어김없이 마감 직전에 간신히 전기요금 납부를 끝냈다. 피곤한 몸을 주체하지 못하고 봉고차에서 잠이 들었다. 얼마나 잤을까? 눈이 떠졌고 한숨이 저절로 흘러 나왔다.

'햐, 나는 왜 이렇게 힘들게 사는 걸까?'

자조 섞인 후회와 절망감에 힘이 쭉 빠져나갔다. 원망스러운 눈초리로 전기요금 영수증을 보다 순간 한 가지 아이디어가 번뜩 떠올랐다. 나는 곧바로 그것을 실행으로 옮기기로 결심하고 회사에서 직원 회의를 소집했다.

"우리 회사도 '납기후 금액'을 거래처에 부과하여 결제를 제 날짜에 맞춰 최대한 빨리 결제할 수 있도록 하면 어떨까?"

하지만 직원들은 내용을 전부 다 들어보지도 않고 그닥 탐탁지 않은 표정들이었다. 왜냐면 요즘 같이 힘든 상황에서 납기후 금액으로 가산요금을 부과하면 누가 거래를 하겠냐는 것이었다. 그때 나는 임원진들에게 역발상으로 생각을 하라고 제안했다. 직원들은 도대체 그게 뭔지 무척 궁금해했다.

"예, 제가 생각하는 납기내 금액이란 매출액의 5%를 할인해주는 시스템을 말합니다. 예를 들어 거래처에서 결제해야 할 총액이 100만원일 경우는 납기내 금액은 5%로 할인된 금액인 95만원을 납부하도록 하고, 납기후 금액은 총액인 100만원을 납부하게 하면 납기내에 대부분의 사람들이 납부할 것입니다. 따라서 수금사원의 인건비를 줄여 할인된 부분을 충당할 것으로 생각합니다."

나의 제안 내용을 모두 다 들은 직원들은 비로소 그 내용을 이해했다. 모두 긍정적인 의견이 도출되자 바로 다음날부터 시행하기로 결정했다. 그렇게 획기적인 결제방식을 도입하고 나서 매출의 60~70%가 수금이 되었다. 그때부터 회사의 재정적인 어려움은 어느 정도 해결이 되면서 서서히 안정을 찾기 시작했다.

나를 포함하여 많은 사람들이 창의적인 생각을 함에도 불구하고 쉽게 실행에 옮기지 못하는 경우가 많다. 이것은 스스로 변화할 용기가 없기 때문이라 생각한다. 꿈을 꾸는 사람은 언제나 에너지가 넘쳐난다. 눈동자의 생기, 말하는 자신감, 몸에서 풍기는 자존감 등 꿈을 꾸는 사람의 에너지는 다르다. 꿈을 향한 여정을 일찍 시작한다면 더 이르게 결실을 볼 수 있다. 마흔보다 서른에, 서른보다 스물에 꿈을 향해 발을 디딘다면 더 좋은 결과를 만들 수 있다. 구체적으로 얼마나 선명하게 미래를 상상하느냐에 따라 꿈이 현실로 된다.

**외부에서 기회를 찾기 전에
먼저 내부의 힘이 준비되고 결집되어야 한다.**

제10장

무엇을 하기에 결코
늦지 않았음을

추천사

김 중 환 (금융기관 임원)

금융기관에 35년간 근무하면서 만난 강광민 대표는
내게 매우 특별한 인연으로 기억된다.

강광민 대표는 창의적인 아이디어가 뛰어나고
직접 행동으로 실천하는 모습과 진솔함이
묻어나는 인간적인 모습에 감동을 주는
동생으로 나와 의형제를 맺었다.

시골 촌놈이 회사의 말단 종업원에서
임원을 거쳐 사장까지 그리고 야간대학을 나와 석사,
박사, 교수까지 왔으니 앞으로 어디까지
성공 스토리를 이어갈지 궁금하다.

이 책은 본인의 노력만으로
사회적으로 이룬 인간승리를 말하고 있다.
독자에게 희망을 전달하고 있다.

인생역전을 꿈꾸고 있다면
꼭 이 책을 읽어보기를 추천한다.

제10장

무엇을 하기에 결코 늦지 않았음을

 회사가 어느 정도 안정화로 접어들자 더 큰 욕심이 생겨났다. 그것은 살면서 계속 내면에만 가지고 있었던 공부에 대한 꿈이었다. 고등학교 때까지는 뚜렷한 목표의식이 없어서 공부와는 전혀 무관하게 간신히 졸업장만 받았고, 졸업 이후에는 공부 외에 뭔가 새로운 일을 찾기 위해서 많은 시간을 보내게 되었다. 하지만 더 이상 학업을 미루기에는 내 자신이 용납되지 않았으며 일하면서 배우고, 배우면서 일 하고 싶다는 욕심이 꿈틀대기 시작했다.

 사실 나는 가정형편이 넉넉하지는 못했지만 의지만 있었다면 충분히 대학을 갈 수도 있었다. 나와는 비교도 되지 않을 정도의 어려운 환경에서도 불굴의 의지로 학업을 마치고 자신의 분야에서 존경을 받는 사람들이 얼마나 많은가! 나는 그들을 볼 때마다 한 없이 부끄러움을 느낄 수밖에 없었다.

기획재정부 장관 겸 경제부총리를 지낸 김동연 전(前) 장관은 11살 때 아버지가 돌아가시고 청계천 무허가 판잣집에서 살 정도로 집안 형편이 어려웠다. 그는 어머니와 세 동생을 부양해야 하는 가장이었다. 도저히 먹고 살 길이 없어서 고등학교는 상고를 가야 했고, 졸업하기도 전인 열일곱 살에 한국신탁은행에 취직을 하며 낮에는 은행원, 저녁엔 야간대학교 학생이 되어 공부에 심혈(心血)을 기울였다. 사실 은행 업무만 해도 생각 외로 체력 소모가 크고 고된 일이라고 한다. 두 가지 일에 최선을 다해서 노력한 결과, 스물다섯 살이 되던 해에 입법고시와 행정고시에 모두 합격하게 되었다. 그리고 이듬해 곧바로 경제부처 공무원이 되었는데, 경제부처는 명문고, 명문대 출신이 많은 곳으로 알려져 있다. 그런 곳에서 야간대 출신인 그는 경제부처의 주요 요직을 거치며 장관에까지 오르는 것을 보았다. 이것은 노력과 철저함이 동시에 뒷받침 되지 않고서는 도저히 하기 힘든 일이다. 나는 그를 통해 꾸준히 노력하면 성공할 수 있다는 것을 배우게 되었다.

학업은 실무의 연장선

기왕 학업을 새롭게 시작하기로 한 이상, 회사에 도움이 될 만한 관련 학과로 진학하기로 마음먹었다. 그래서 입학하게 된 학과가 '국제통상학과'였다. 당시 담당하고 있던 사업의 영역 중에서 물류와 유통이 핵심이었는데, 그 부분이 정확하게 지원한 학과와 맞아떨어졌던 것이다.

일반적인 유통업체의 경우는 생산자로부터 물건을 저렴하게 사서 소비자에게 그 물건을 팔아서 이윤을 남기는 곳으로 백화점, 대형마트, 편의점 등이 있다. 또한 물류업체는 그 물건을 최적의 이동 경로를 선택해서 마트 등에 전달해주는 역할을 한다. 당시 내가 운영했던 회사는 물건을 직접 제조한 이후에 '물류와 유통'을 겸하고 있었기 때문에 비록 야간 대학교였지만 실무적으로 많은 도움이 되었다. 또한 말이 좋아서 회사의 대표였지 실제 외부 영업과 배달, 수금 등의 실무도 직접 발로 뛰면서 했기 때문에 고객들과의 긴밀한 관계는 지속적으로 잘 유지가 되었고, 업계의 동향 또한 실시간으로 파악할 수 있었다. 덕분에 물류와 유통에 대해서 갈수록 많은 지식이 쌓여 나갔고 그것을 회사 운영에 있어서도 그대로 적용해 보는 사례가 늘게 되었다. 그러면서 회사의 이름도 기존의 'OO실업'에서 'OOCF'로 바꾸게 되었다.

외부로 영업을 나가거나 새로운 거래처를 발굴할 때마다 듣는 이야기 중의 하나인데, '실업'이라는 사명은 왠지 모르게 시대에 뒤떨어지거나 창의적이지 못하다는 생각이었다. 그러던 어느 날, 그에 대해 진지하게 고민해보는 시간을 갖으면서 나는 깜짝 놀랄 수밖에 없었다. '실업'이란 예전부터 계속 사용해 오던 회사 이름이었기 때문에 그냥 별 의미 없이 회사 이름을 이어 받았지만 '실업'에 대한 여러 가지 표현을 찾던 중 잘못하면 부정적인 의미로 받아들일 수도 있겠다는 생각이 들었다. 거기에는 '실업(失業, unemployment)이란 일할 능력과 의사가 있으면서도 일자리를 구할 수 없는 상태를 말한다. 정상적인 고용 조건을 구하지 못한 경우뿐만 아니라 시간제·일용·임시 고용 등과 같이 표준시간 이하로밖에 일자리를 구하지 못하는 사람들의 상태를 규정하는 데에도 사용되고, 자신이 받은 교육과 훈련에 비해 근로조건이 열악한 일자리를 얻을 수밖에 없는 사람들의 상태를 나타내기도 한다.'라는 용어가 여기저기에 수도 없이 보였다. 그것을 보면서 나는 내 자신의 무심함을 탓할 수밖에 없었다.

회사를 인수하고 나서 새로운 전기를 만들기 위해서 바꾸게 된 이름이 '송산CF'이다. 송산이라는 이름은 '푸른 산'이라는 의미를 가지고 있고, 'CF'의미는 Cleaning Factory의 약자이며 클리닝 팩토리는 빨래 공장이란 뜻을 가지고 있다. 송산CF라는 의미는 세탁공장으로서 환경을 생각하고 기업으로서 건강하고 높이 정상에 오르는 것을 의미한다. 사명을 바꾸고 나자 사람들의 관심이 더 많아지기 시작했다. 어떻게 보면 TV 광고회사 같아 보이기도 했던 모양이다.

한국화약그룹이 한화그룹으로 자신들의 사명을 바꾸게 된 계기도 전혀 생각지도 못했던 곳에서 출발했다고 한다. 한국화약그룹의 고위 관계자가 중국을 방문했을 때의 일이다. 중국 측이 방문자에 대한 환영의 표시로 플래카드를 내걸었는데 '남조선 폭파집단' 환영이라는 경악스러운 내용이었다고 한다. 한국화약그룹의 영문 표기인 'Korea Explosive Group'을 '남조선 폭파집단'으로 표시한 것이다. 이를 계기로 한국화약그룹은 한화그룹으로 사명을 바꾸게 되었다는 일화가 있다.

이처럼 자기 자신이 생각하는 것과는 완전히 다른 각도로 해석될 수 있어 아무리 사소한 것이라도 다시 한 번 더 생각하고 고민해봐야 할 것 같다.

만학도(晩學徒)에서 평생학도(平生學徒)로, 늦은 나이란 없다

사명을 바꾸고 나서부터 회사에 대한 외부의 관심과 매출은 갈수록 늘어가기 시작했다. 동시에 나는 더욱 안정된 상황에서 학업에 전념할 수 있었고 의욕도 갈수록 커 갔다. 처음 야간대학에 입학 할 당시에는 나이가 너무 많은 것 아닌지? 조금 더 일찍 시작하는건데 등의 여러 가지 생각들로 고민했던 적도 있었다. 하지만 막상 입학을 하고보니 나보다도 훨씬 나이 많은 학과 생들도 여럿 있었다.

모 지상파 방송의 '어느 아버지의 교과서' 라는 프로그램에 출연한 삼부자 이야기는 우리에게 많은 생각을 안겨준다. 난독증으로 글자를 제대로 읽고 쓰지 못했던 주인공은 겨우 중학교만 졸업했다. 하지만 중졸 학력으로 취업할 수 있는 곳은 어디에도 없었다. 평생 막노동꾼으로 전전하며 겨우 한 가정의 가장으로 살다가 마흔 세 살에 공부를 시작했다. 수능 공부 5년째 되던 해, 두 아들이 게임중독과 아토피로 학교에 다닐 수 없는 상태라는 것을 알고 자신은 공부를 잠시 접은 채 아이들을 가르치기 시작했다. 하지만 힘겨움의 연속이었다. 갑자기 공부를 하려니 제대로 되는 것 하나 없었다. 아이들의 마음이 열릴 때까지 기다릴 수밖에 없었다. 그렇게 꿋꿋한 인내심을 갖고 기다린 결과 삼부자는 서로를 믿으며 포기하지 않고 끝까지 공부할 수 있었다. 그 결과 첫째는 서울대 경영학과 4년 장학생으로, 둘째는 한양대 연극영화과에 수석 입학했다. 그것을 계기로 책까지 쓰게 됐다. 이처럼 늦게 시작한 공부가 삼부자의 인생을 바꾼 것이다.

공부하기에 늦는 나이는 없고, 공부하기에 좋은 환경도 따로 있지 않다. 나 역시 처음에는 나이가 많다는 생각에 입학 자체도 고민했지만 훨씬 연배가 많으신 분들을 보면서 자신이 초라해지는 경험을 할 수 있었다. 오히려 그분들이 더 열정적으로 배움에 임했고 항상 웃는 얼굴을 하며 감사한 마음으로 등교한다고 했다.

위대한 인물들은 끊임없이 노력하고 적극적으로 도전하여 오늘날의 성공을 이루었다고 본다. 발전하려는 의지가 없고 현재에 만족하는 사람은 도태 될 수밖에 없으니 매일매일 끊임없이 자신을 발전시키기 위해 부단히 노력해야 할 것이다. '아무것도 하지 않는 것보다 뭐라도 해서 실패하는 것이 낫다'라는 말은 실패했더라도 뭐든지 배웠을 테고, 좋은 경험을 했을 것이다. 배운다는 것은 삶의 지혜를 차곡차곡 쌓아나가는 것과 같다. 인간은 누구나 죽을 때까지 배움과의 동행은 계속된다. 사람에 따라서 다소 차이가 있을지는 몰라도 배움과 삶은 떼려야 뗄 수 없는 필연적인 숙명임이 틀림없어 보인다. 나도 만학도(晩學徒)가 아닌, 평생학도(平生學徒)의 자세로 지속적인 배움의 길을 가야겠다고 생각하며 많은 것을 깨닫게 된다.

**목표를 잘 세우더라도
행동이 따르지 않는다면
더 이상 되는 것도 없고 안 되는 것도 없다.**

제11장

처음으로
인생의 목표를 세우다

추천사

임 우 성 (국제라이온스협회 355-B1지구 부총재)

인간은 누구나 창공을 날고 싶은
각자의 비행기가 있습니다.
그리고 누구나 자유롭고 행복하기를 희망합니다.

미래에 대해 꿈꾸지 못하는 사람들이 넘쳐나고
보이지 않는 것은 보는 능력을 뜻하는
비전(vision)을 명확히 갖는다는 것은
더더욱 쉽지 않은 시대에
우리는 모두 자기 삶의 비전을
확립할 필요가 있으며
그 비전이 사명감과 결합되면 간절함으로 이어지고
행동으로 실천하여 기적과 같은 결과로 선물이 된다는
비행기의 철학은 지구촌 모든 인류의 공통된 삶의 자세이자
철학이 되어야 한다는 점에서
강광민 박사의 비행기는 그래서 남녀노소
누구에게나 필요한 훌륭한 삶의 지침서이기도 합니다.

큰 울림의 함성으로 함께 나아가고
봉사하는 그런 삶의 여정에서 비행기를 저술하고
수많은 명강의로 우리 사회를 더 나은 세계로 만들어가는
강광민 박사의 아름다운 철학과 사명적 행보에
큰 응원의 박수를 보냅니다.

제11장

처음으로 인생의 목표를 세우다

뒤늦게 시작한 공부는 의외로 나와 잘 맞았고 배우면 배울수록 재미를 느꼈다. 그 전까지는 나이가 많고 시간도 없다는 이유로 차일피일 미루며 시간을 보냈는데, 막상 공부를 다시 시작하고 나니 너무 재미있고 행복한 시간이 이어졌다. 이상하게도 회사일은 훨씬 더 바빠졌음에도 불구하고 정신적인 여유는 더 찾을 수가 있게 되었다.

그러면서 천천히 나만의 장기적인 목표를 세워야겠다는 생각도 들었다. 주위를 둘러봐도 어느 쪽이건 자신의 목표를 가지고 있는 사람이 그렇지 못한 사람들보다 훨씬 더 성공적인 삶을 살고 있음을 볼 수 있었다. 성공하는 사람들에겐 한 가지 특징이 있음을 알 수 있다. 모두가 자신만의 명확한 인생의 목표를 가지고 있다는 점이다.

목표 없이 세월만 보내는 사람들 가운데서 성공한 사례는 좀처럼 찾기 힘들다. 반면 성공한 사람들은 거의 예외 없이 목표가 뚜렷했고 그 목표를 달성하기 위해 혼신의 노력을 기울였다는 것이다. 사소한 목표부터 큰 그림을 그릴 수 있는 목표까지 세울 수 있어야 한다.

불가능에 가까운 목표를 세워놓고 잘 되지 않는다고 무기력에 빠져서는 안 된다. 매주 몇 건의 계약을 하겠다고 스스로 목표를 설정해놓으면 그 목표 달성을 위해 한 주에 고객 몇 명을 만나겠다, 고객을 만나기 위해서는 하루에 전화 몇 통을 해야겠다와 같은 실현 가능성이 있으면서도 구체적인 목표를 세우라는 것이다.

배움을 통한 나만의 목표 설정

나는 이제까지 살아오면서 단 한 번도 진지하게 목표설정을 해 본 적이 없었다. 야간대학을 다니면서부터는 누가 시키지 않아도 내 자신이 오히려 더 불안해지기 시작했다. 어찌 보면 실무 연장선의 학업이기 때문에 그 초조함은 더해만 갔다. 그러한 연유로, 내 인생 처음으로 새로운 목표를 세워보았다.

첫째, 보다 더 나은 삶을 위해 타의 모범적인 행동과 가정에 충실 한다.
둘째, 나는 비록 야간대학에 진학했지만 기필코 박사까지 공부하기로 한다.

셋째, 국가 발전을 위해 조금이라도 기여할 수 있는 사람이 된다.
넷째, 전국을 다니면서 빛과 희망을 줄 수 있는 멘토링 강사 및 희망 전도사가 된다.
다섯째, 봉사의 정신으로 나를 부르는 곳이라면 어디든 달려간다.

사람마다 각자의 목표가 다를 것이다. 어떤 사람은 명예일수도 있을 것이고, 또 다른 사람은 금전일수도 있고 건강일수도 있다. 그러나 나의 목표를 하나로 간추린다면 '나는 사회를 비추는 한줄기 빛(光)이 되고 싶다'는 것이다. 나는 그날 이후부터 이 다섯 가지 목표를 코팅해서 항상 지니고 다녔다.

1톤의 생각보다 1그램의 실천이 중요하다는 말이 있다. 목표, 꿈 비전을 가장 쉽게 행동으로 옮길 수 있는 방법은 적는 것이다. 과거 1971년 미국 예일대학 학생들에게 인생의 구체적인 목표를 글로 적게 했다. 그때 모두가 다 적지 않고 3%만 인생의 목표를 글로 써서 제출했다. 22년이 지난 후에 성공한 사람을 조사해 봤더니 22년 전에 인생의 목표를 글로 써 낸 3%의 학생들이 나머지 97%의 학생들을 모두 합친 것 보다 목표를 더 많이 달성했다고 한다. 잘 짜인 목표가 있으면 자신이 원하는 바를 달성할 확률이 높아진다는 사실이다. 막연한 다짐과 각오가 아닌 구체적으로 실현 가능성이 있는 '목표설정(goal setting)'이 필요하다.

여기서 목표설정이라 함은 단순히 내가 무언가 되기를 혹은 이루기 원하는 것만을 의미하지는 않는다. 자신이 원하는 바를 어떻게 성취할 수 있을지에 대한 내용을 포함한다. 그러나 의외로 많은 사람들이 자신이 원하는 바에 대한 구체적인 청사진을 가지고 있지 않다. 운동선수들도 마찬가지다. 프로야구 신인선수들에게 내년 목표를 물어보면 1군 무대를 밟아 보는 것이라고 말한다. 1군 무대를 밟기 위해 뭘 할 것인지 물어보면 대부분 '최선을 다해', '열심히', '이를 악물고' 하겠다고 대답한다. 만약 이런 질문을 받았을 때, "열심히 하겠다"가 아니라 "내가 1군 선수가 되려면 이러이러한 것이 필요한데, 이런 것들을 보완하기 위해서 무엇 무엇을 하겠다."라고 말할 수 있다면 그 선수는 다른 선수보다 1군 무대를 밟을 가능성이 크다. 똑같은 훈련 일정을 소화하더라도 각자의 목표설정 수준에 따라 훈련에 참여하는 마음가짐과 태도는 크게 달라지기 때문이다.

이렇듯 뭔가를 이루기 위해서는 구체적인 목표를 세우는 게 얼마나 중요한지 새삼 느끼게 해준다.

목표를 세웠으면 행동으로

나는 야간 대학에 진학하면서부터 인생이란 무엇이며, 앞으로 어떻게 살 것인지에 대해 수많은 날들을 고민했던 것 같다. 우여곡절 끝에 어렵게 결심한 목표를 기필코 이루고 말겠다고 수도 없이 다짐

했다.

 목표를 잘 세우더라도 행동이 따르지 않는다면 더 이상 되는 것도 없고 안 되는 것도 없다. 한 마디로 전혀 발전성이 없다는 의미다. 로마 속담에 '생각을 잘하는 것은 현명하고, 계획을 잘하는 것은 더 현명하며, 실행을 잘하는 것은 가장 현명하다.' 라는 말이 있다. 생각은 어느 누구나 할 수 있다. 계획도 마찬가지다. 하지만 실행은 아무나 할 수 있는 게 아니다. 노력하고 행동하는 자만이 할 수 있는 것이다.
 뛰어난 전략이라도 제대로 실행하지 못하면 아무리 좋은 전략이라도 실패하고 만다. 실천이 없는 변화와 혁신은 망상에 불과하다. 진정한 변화와 혁신은 매일 매일의 조그마한 실천으로 뒷받침되어야만 비로소 놀라운 결과를 창출할 수 있음을 기억하자.

 대학에서 책상에 앉아 학문만 연구하는 경제학자와는 달리 가르치는 것에만 안주하지 않고 가난 구제를 위해 거리로 나가 직접 가난한 사람들을 도운 그라민 은행의 설립자이자 방글라데시 경제학자인 무하마드 유누스는 대학교수 시절 한 빈민촌을 방문했는데, 거기서 대나무 의자를 만들어 생계를 유지하는 한 젊은 여인을 만난다. 그녀가 대나무 의자 하나를 만드는 데는 원 재료값으로 22센트가 필요했다. 그러나 돈을 마련할 길이 없는 그녀는 원재료를 중간상인에게 의존할 수밖에 없었다. 그래서 대나무 의자를 중간상인에게 24센트에 판매하는 것을 조건으로 원재료를 공급받기로 하였던 것이다. 그녀는 대나무 의자를 직접 시장에 팔면 훨씬 좋은 가격을 받을 수 있었음에도 불구하고 원재료 구입에 필요한 자금을 빌려주는 은행이 없었기 때문에 중간상인의 제안을 받아들일 수밖에 없었다. 그 결과, 힘들여 의자를 만든 대가로 그녀가 벌어들인 돈은 겨우 2센트에 불과했고 오랫동안 가난을 벗어날 수 없었다.

이러한 광경을 지켜본 무하마드 유누스는 자신이 직접 소액 대출을 통해 그녀에게 원재료를 구매할 수 있는 돈을 빌려주었고 그 덕분에 그녀의 삶은 극적으로 나아지게 되었다. 그것을 계기로 무하마드 유누스는 그라민 은행을 설립하여 빈민들에게 무담보 소액 대출을 통해 그들 스스로 빈곤을 퇴치할 수 있는 길을 열어 주었고, 그 공로로 2006년 노벨평화상을 수상했다. 이것은 무하마드 유누스가 학교를 벗어나 행동하는 경제학자로서의 삶을 살기로 마음을 먹었기 때문에 가능했을 것이다.

**스스로를 신뢰하라.
자신을 사랑하는 사람이 남도 사랑할 수 있다.**

제12장

목표를 세우기 위한
꿈을 꾸다

추천사

조 도 현 (시인, 빛가온운동 회장)

고요의 성스러움을 괴롭히는 바람이듯이 피를 숙청하는
인고의 곤혹스러움 때문에 우리는 항상 열정을 괴롭힙니다.

그래서 태어난 파아란 그리움을 동경하는지 모르겠습니다.
마치 비행기가 허물을 벗고 다시 개정판으로 태어나듯이
열정의 매듭을 볼 수 없는 환경을 풀어 놓은 저 광야의 야생마처럼
자유자재로 자기감정을 진솔하게 풀어놓은
강광민 교수의 선혈이 전하는 노래…

"비행기"저자와 함께 양심의 피안에서 딩굴어도 되겠습니다.
한 일이 열 일이 듯, 봄을 감동 시켜야 우리의 심금이 연주 할 테니까요.

제12장

목표를 세우기 위한 꿈을 꾸다

　사춘기 시절 넓은 바다를 바라볼 때면 탁 트인 기분이 들어야 했지만 나는 왠지 모르게 하얀 백지장을 들여다보는 것 같았다. 인생은 새하얀 백지장과 같이 정해져 있지 않다. 백지 상태로 태어나 그 여백을 하나씩 채워 나가다보면 결국엔 누가 더 아름다운 인생을 살았는지 알 수 있을 것이다. 삶이란 하얀 백지위에 마음 가고 손 가는대로 그림을 그리는 미술 시간의 아이들처럼 우리는 오늘도 각자의 방식대로 삶의 여백에 색을 칠하고 있다.
　완성되지 않고서는 알 수 없는 인생이란 작품에 오늘도 우리는 자신의 삶을 그려내는 화가이다. 도화지에는 그 어떤 그림을 그려도 상관없다. 정답은 정해져 있지 않기 때문이다. 틀에 박힌 그림은 의미 없다. 붓을 쥐고 있는 손가락의 지문이 제 각각 다르듯이 나만의 특별한 그림을 그렸을 때 비로소 차별성을 갖게 되는 것이다.

우리는 자신만의 차별성을 만들어야 한다. 차별성은 자신이 원하는 꿈을 꾸게 하고 목표를 세우도록 유도한다. 그러기 위해서는 필연적으로 노력이 뒷받침 되어야 한다. 물론 노력한다고 전부 성공할 수는 없겠지만, 성공한 사람은 누구나 할 것 없이 최소한의 노력을 했다는 것은 기억할 필요가 있다. 자신이 인생에서 실패했다고 너무 빨리 속단하지 않았으면 좋겠다. 도화지 옆 자리에 색칠할 자리는 언제든 있기 마련이다.

자신만의 꿈을 꾸자

나는 30살이 넘어서까지도 스스로의 장점과 약점을 제대로 파악하지 못하고 살았다. 내가 무엇을 잘 할 수 있고 좋아하는지부터 파악해야 하는데, 그 자체의 절실함이나 필요성을 느끼지 못했기 때문에 차별화 자체는 생각할 수도 없었다. 하지만 사회에 나와서 한 회사의 대표로서 본격적인 사업을 하다 보니 자신만의 차별화 전략이 없이는 아무것도 할 수 없다는 것을 깨닫게 되었다.

IT기업을 운영하고 있는 주식회사 에스오 대표 곽영진 회장의 이야기를 듣다보면 자신만의 차별화 전략이 얼마나 중요한지 실감하게 되었다. 곽 회장을 처음 만났을 때 "세계지도를 펼쳐 놓고 대한민국을 보게 되면 대한민국의 땅이 너무 좁다. 지도상의 땅은 통일 외에는 방법이 없지만 온라인 땅은 무한대로 넓힐 수 있다. 지금은 온라인 땅을 누가 많이 확보하느냐에 따라서 온라인 세계를 지배 할 것이다."라고 했다. 전 세계 모든 스마트폰에 온라인 빌딩을 지어주는 프로그램 개발하는 일에 사명감을 가지고 있다는 곽 회장은 차별화된 꿈을 꾸고 있었다.

자치단체 중 차별화 전략에 대표적인 성공사례는 전남 함평군이다. 함평군은 인구가 4만 명 정도 되는 전형적인 소규모 농촌지역이고 내세울 것 없는 한적한 농촌에 PD출신인 이석형 전(前)군수는 나비축제를 만들어 대변화를 가져왔다. 꿈꾸고 상상하던 것을 현실로 만들 수 있었던 것은 PD관점에서의 재능을 정치적으로 풀어낸 경우이다. 이처럼 차별화 전략은 평범함을 뛰어넘어 남들이 보지 못하는 숨은 가치를 찾아내는 것이다.

꿈을 꾸기 위한 나만의 차별화 전략

누구나 자신만의 꿈이 있다. 그 꿈을 꾸기 위해서는 자신에게 맞는 꿈을 꾸는 것이 중요하다. 축구에는 전혀 소질이 없는데 세계적으로 유명한 축구 선수가 되겠다고 식음을 전폐해가면서까지 꿈을 꾼다고 될 일이 아니다.

　자신이 좋아하는 일과 잘 할 수 있는 일은 분명히 다르다. 가장 좋은 것은 자신이 좋아하면서도 잘 할 수 있는 일을 하는 것이다. 하지만 이것은 말처럼 쉽지가 않다. 모든 것을 직접 다 해보고 나면 어느 정도는 알 수 있겠지만 살다보면 시간은 한정이 되어있고 거기에 따라 나이는 먹어가기 때문에 직접적으로 경험 한다는 것은 한계가 있기 마련이다. 그래서 나는 간접 경험이 아주 중요하다고 생각한다.

　'간접경험'이라고 하면 직접 사물에 부딪쳐서 뭔가를 실제로 겪지 않고 말이나 글 등의 중간 매개체를 통하여 얻는 경험을 말한다. 이것은 다른 사람들과의 관계 속에서도 가능한 일이고 신문이나 잡지를 통해서도 가능할 것이다. 간접경험의 종류는 다양하게 있지만 그 중에서도 '독서'를 최고로 꼽는다.

　마이크로소프트의 빌 게이츠, 애플의 스티브 잡스, 페이스북의 마크 주커버그 등 미국을 대표하는 IT기업의 대다수 리더들은 엄청난 양의 독서량을 자랑한다. <한국의 슈퍼리치>라는 책을 보면 성공한 사람들의 공통적인 특징이 독서라고 말한다. 조선 후기의 실학자인 다산(茶山) 정약용(丁若鏞, 1762~1836) 선생은 누구나 할 것 없이 잘 알고 있다. 그는 피폐한 농촌사회의 모순에 관심을 갖고 정치개혁과 사회개혁에 대한 방안을 체계적으로 연구했다. 특히 <경세유표>, <목민심서>, <흠흠신서>를 통해 실현 가능한 구체적인 방안을 제시하기도 했다. 다산은 다양한 분야에서 천재에 가까운 인물로 평가 받는다. 자연과학에도 관심을 기울여, 홍역과 천연두의 치료법에 대한 책을 내기도 했고, 도량형과 화폐의 통일을 제안했으며 건축기술인 거중기를 고안하기도 했다. 이런 그의 이면에는 엄청난 양의 독서가 자리 잡고 있다. 그의 소년 시절에 대한 유명한 일화가 있다.

당대의 유명한 학자가 마을 앞 강가에 앉아 여러 권의 책을 쌓아두고 읽는 정약용을 마주한 적이 있었다. 그는 며칠 동안 같은 자리에서 책을 읽는 정약용에게 호기심을 갖기 시작했다. 무엇을 그리 열심히 읽는지 궁금했던 학자는 슬그머니 다가가 정약용이 읽는 책을 살펴보다 깜짝 놀라고 말았다. 그가 보고 있던 책은 중국 송나라의 주희가 저술한 59권 분량의 '통감강목'이었던 것이다. 학자는 놀란 목소리로 정약용에게 물었다.

"얘야, 너 혹시 그 책 내용을 알고나 보는 거냐?"

학자는 책의 내용에 관해 몇 가지 더 정약용에게 물어보았다. 그런데 이게 웬걸! 정약용은 그의 모든 질문에 막힘없이 대답하는 것이었다. 이는 그가 책을 단순히 읽기만 한 것이 아니라 내용을 이해하고 있다는 방증이었던 셈이다. 이처럼 정약용은 어려서부터 책을 한 번 들었다하면 시간가는 줄 모르고 푹 빠져 읽는 바람에 식구들이 한참 찾으러 다니느라 고생했다고 한다. 또한 그는 자신의 두 아들에게도 독서를 가장 중요한 덕목으로 가르쳤다.

정약용의 사례는 나를 무척 부끄럽게 만든다. 사실 나는 야간 대학에 입학하기 전까지는 책과는 완전히 담 쌓고 살았다. 하지만 어느 누가 알려주지 않아도 '독서'만이 내 자신을 살릴 수 있는 유일한 무기임을 자연스럽게 느낄 수 있었다. 그 이후로 틈틈이 봐 오던 책들은 어느 덧 내 자신의 분신이 되었고 지금까지도 나의 멘토이자 훌륭한 스승의 역할을 충실히 해주고 있다.

전국에 있는 공무원들 대상으로 강의할 때나 대학교 강단에 서는 경우는 더욱더 필수적이다. 모두 잘 알다시피 과거 아날로그 시대와는 전혀 다르게 모든 게 눈 깜짝할 사이에 벌어지고 셀 수 없을 정도의 엄청난 정보가 흘러 다니기 때문에 책을 통한 간접경험을 하지 않고서는 아무것도 할 수가 없는 시대가 된 것이다. 책은 지금의 나를 만들게 한 장본인이라고 해도 과언이 아니다. 비슷한 환경에서 자신만의 경쟁력이나 차별성을 가지기 위해서는 남들보다 책을 더 많이 읽어야 한다. 책은 읽으면 읽을수록 가속도가 붙고, 반대로 읽지 않으면 읽지 않을수록 더 멀어지는 경향이 있다. 일 년에 책을 한 권도 안 읽는 사람과 일 년에 책 100권 이상을 읽는 사람의 의식의 차이는 말할 필요도 없을 것이다. 그 격차는 시간이 흐를수록 빈부 격차 만큼 커다란 의식 격차를 발생시킬 것이다.

요즘은 인터넷에서 손쉽게 원하는 정보를 얻을 수 있기 때문에 책을 읽는 사람들이 많지 않다. 하지만 책을 읽지 않고서는 깊고 논리적인 사고를 할 수가 없다. 독서를 통한 폭넓은 소양을 축적해나갈 때 비로소 그것이 가능해질 것이다.

천재성이나 창의성은 일부사람들에게만
주어지는 선천적인 특권이 아니다.
성공한 사람들의 특징은 독서를 많이 했다는 것이다.

제13장

시련과 아픔 속에서도
힘을 낼 수 있기에

추천사

최 혜 경 (정인평생교육개발원 대표)

강광민 박사님과 순천 신흥중학교 인성캠프에서 만나 뵌 인연으로
책을 선물 받게 되었습니다.

강 박사님은 자신의 꿈이 무엇인지 생각해보지 못하고 있는
질풍노도의 중학생들에게 "꿈과 비전을 가지고 행동하면
기적이 일어난다"고 열정적 강의를 하였답니다.
늘 책읽기를 좋아하는 제가 선물 받은 책을
집에 도착하자마자 단숨에 읽어보게 되었습니다.

뭉클하기도 하고 진솔한 강 박사님의
이야기에 공감하며 심쿵해서 눈물을 많이 흘렸습니다.
아마도 어린 시절 힘들고 방황하던 시절을
책 속에 오롯하게 담아내서 시골출신인 저도
공감을 많이 하면서 감동했습니다.

읽으면서 생각하는 대로 이루어지는
삶을 살고 있음을 보고, 강광민 박사님의 의지력에
또 한번 감동 받았습니다. 선한영향력으로 살아가고 있기에
앞으로 모든 일이 잘 되리라 생각합니다.

삶의 경험을 통한 진솔한 이야기
그리고 뜨거운 열정을 가지고 수많은
노력과 실천을 하고 있음에 절로 존경심이 생겼습니다.

하버드 대학을 졸업하는 것보다 독서하는
일이 더 중요하다는 '광민 생각'이 평생 제가 품고 있던 생각과
일치해서 더더욱 좋았답니다.
항상 비행기를 응원합니다.

제13장

시련과 아픔 속에서도 힘을 낼 수 있기에

　사업체를 인수하고 나의 계획대로 모든 게 원활하게 운영되다보니 갈수록 자신감은 충만해져 갔다. 하지만 사업이 급성장을 하는 가운데 전혀 예상치 못한 시련도 찾아왔다. 지금 생각해보면 정말 아찔했던 순간이다. 가족과 직원들의 사랑이 없었다면 모든 것을 잃고 재기의 꿈은 꾸지도 못했을 것이다.
　사업이 한참 가파르게 상승곡선으로 올라가고 더 큰 성장을 위해 공장을 확장이전 했다. 공장 확장 을 위해 온 신경을 쏟았고, 가지고 있던 모든 자금을 쏟아 부어 공장을 이전했다.
　제대로 회사를 키워보고 싶은 생각에 잠을 이루지 못하고, 그동안 신경 쓰지 못했던 업무들을 처리하고 있을 때 한 통의 전화가 걸려

왔다. 그 전화를 받은 나는 갑자기 현기증이 나며 하늘이 노래졌다. 확장하여 이전한 공장이 화재에 휩싸였다는 것이다. 나는 모든 걸 내팽개치고 현장으로 뛰어갔다. 엄청난 화마에 휩싸여 있는 공장을 본 순간 억장이 무너졌다. 나는 공장으로 뛰어들어 죽고 싶은 심정이었다. 소방관들의 제재로 공장에 들어가지 못 했다. 화재가 진압되고 새카맣게 그을려 완전히 전소된 흔적만 있는 공장을 보며 세상이 무너지는 느낌이었고, 이제는 모든 게 다 끝이 났다는 생각만이 파고들었다. 하늘이 그렇게 원망스러울 수가 없었다. 아내와 나는 하염없이 눈물만 흘러내렸다.

자신의 처지를 탓하지 말자

화재로 모든 게 없어지고 잿더미를 바라보면서 나는 마치 세상으로부터 처참하게 버림받은 것처럼 느껴졌다.

'왜 하필이면 나 자신에게만 이런 불운이 오게 되었을까?'

하루하루가 외롭고 쓸쓸하며, 힘들고 고통스러웠다. 한동안 입에도 대지 않았던 술을 다시 마시게 되었다. 술이라도 마시지 않으면 제대로 잠을 잘 수 없었고 악몽을 꾸는 날도 지속적으로 이어졌다. 이런 나의 무기력한 모습을 본 아내는 다시 일어설 수 있는 용기를 주었다.

인생은 누구에게나 시련과 고난이 있기 마련이다. 살다보면 하늘이 무너지고 땅이 꺼지는 불운이 닥칠 수도 있다. 크게 성공한 사람들이나 위대하다고 칭송받는 사람들은 대부분 특별한 능력을 갖추고 있는 것이 아니라 모든 사람들이 힘들고 어렵다고 걱정하고 좌절할 때, 그들은 다른 사람들이 피하고 싶어하는 큰 어려움과 장애물을 뛰어넘으려고 무던히 애를 썼다는 차이가 있을 뿐이라는 것이다. 그들은 오히려 극한 고통을 만날 때 삶의 풍성한 열매를 맺었던 사람들이다.

태풍이 몰아치면 닭은 자신의 날개 속에 머리를 파묻고 잔뜩 움츠리지만 독수리는 날개를 활짝 펴고 바람을 이용해 유유히 안전한 곳으로 이동한다. 상당수의 위인들은 인생의 위기에서 큰 업적을 남겼다. 영화로도 제작되어 큰 감동을 주었던 명량해전은 이순신 장군이 백의종군하여 불과 13척의 배로 133척의 왜선을 무찔러 세계 해전 역사에 길이 남을 대승을 거두었는데, 당시 온갖 고문을 당하고 간신히 사형만 면한 상태에서 전투에 임했다고 한다.

세상에서 가장 어리석은 사람은 시련과 고난을 '신의 저주'로 여기고 움츠리는 사람이라고 할 수 있다. 사람은 시련과 절망 그리고 피할 수 없는 운명을 마주할 때, 그 순간 잠재력이 최고조에 달한다고 한다. 이제까지의 역사를 보면 고통과 시련에 용감하게 맞선 사람들에 의해 새롭게 쓰여졌다.

소중한 자산은 사람이다

 돌이켜보면 공장의 화재는 나를 일으켜 세우는 계기가 되었다. 처음에는 거의 절망적으로 생각했지만 가족들과 지인들의 도움으로 인해 가까스로 일어설 수 있었고, 그로인해 주위 사람들이 자신을 어떻게 생각하는지 알 수 있는 계기도 되어 가까스로 재기의 시동을 걸었다.

 사실 공장의 일부가 아니라 완전히 불에 타버린다는 것은 제조업체에게 있어서는 재난을 넘어 재앙에 가깝다. 재기 불능 상태에 빠지거나 가까스로 생산을 재개한다고 해도 공백이 불가피해 거래처가 끊길 수밖에 없었다. 하지만 그동안 거래처와 영업 관계를 유지하면서 쌓았던 신뢰 덕분에 내 상황을 충분히 이해해주었고 다시 일어설 수 있는 시간적 여력도 담보해주었다. 그분들 덕분에 원인불명의 화재로 공장이 사라진 지 불과 몇 개월이 안 돼서 빠른 속도로 정상화되었다.

 그 사이에 직원들은 원거리까지 출퇴근을 하면서 고생은 배가 되었지만 누구 한 사람 불평불만 없이 희생적인 행동을 보여주었다. 사람의 마음을 얻는다는 것은 참으로 어려운 일이다. 오랜 세월동안 서로를 믿고 소통하며 공감할 때 관계는 맺어지는 것이다. 하루아침에 상대방을 나의 동반자로 만들 수는 없다. 겉으로 보여지는 가식은 그리 오래가지 않는다. 특히, 금전적인 문제가 오고 가는 사업체에서는 더욱더 냉정하다. 회사가 아무런 걱정 없이 승승장구하며 커 나가는 시절에는 직원들의 냉정한 평가를 받기는 어렵다.

 직원들의 희생과 주변 지인들의 도움 그리고 거래처의 신뢰 덕분에 회사는 어느덧 안정화로 접어들어 갔다. 이 경험을 통해 주위로부터 받은 사랑을 보답하는 길은 사회에 봉사하는 것이란 생각이 들었다.

힘들고 어려울 때 진정한 동반자를 찾을 수 있다.

제14장

사소한 것부터 실천하자

추천사

최 종 구 (이스타항공 사장)

이스타항공의 공식 건배사!
직원들의 단합과 격려, 때로는 위기 극복을 위한 다짐의 뜻으로
항상 외치는 구호가 바로 '비·행·기'입니다.

'비전을 가지고 행동으로 옮기면 기적이 일어난다!'

이스타항공이 항공시장의 독과점을 깨고
누구나 항공여행을 부담 없이 즐길 수 있는
변화를 이끌어 낸 비결이 바로 '비행기'입니다.

이 책을 읽은 모든 분들이 비전을 가지고 어려움 속에서도
성공의 길을 찾아 순항할 수 있는 지혜를 찾으시길 바랍니다.

제14장

사소한 것부터 실천하자

지인으로부터 지역사회 봉사활동 제의를 받고 봉사활동을 시작했다. 봉사는 정직을 기반으로 타의 모범적인 삶을 사는 것이라고 본다. 정직 없는 가정이 올바른 가정이 되겠는가? 정직 없는 회사가 성장할 수 있겠는가? 정직하지 않은 교육은 어떻게 되겠는가? 정치에서도 정직이 없기 때문에 신뢰를 하지 않고 있지 않은가? 우리 사회가 더 밝은 사회로 변화하기 위해서 올바른 도덕성과 가치관이 정립된 봉사문화가 정착되어야 한다. 주위에 선한 영향력을 전파하면서 더 밝은 사회로 만들어가는 것이 진정한 봉사라는 생각이 든다.

JCI 회장, 라이온스 회장, 주민자치위원장 및 사회단체 회장을 하면서 다양한 사회봉사활동을 했다. 특히 JCI 회장과 라이온스 회장을 하면서 국경을 초월한 많은 친구들과 교류하며 많은 것을 배우고 봉사자로서의 자긍심을 가지게 되었다. 여러 단체에서 단체의 장이 되면서 그에 걸맞는 행동과 생각을 배워나갔다.

작은 시도는 변화의 출발점

나는 전국 최연소 주민자치위원장으로 활동하면서 다양한 성과를 만들었다. 첫 번째로 시도한 것은 우리 동네에 도로 계획안만 있는 것을 실행에 옮기는 것이었다. 마을의 도로에 관한 문제점을 해결하기 위해서는 많은 시간을 필요로 했으며, 때에 따라서는 눈에 보이지 않는 비용 지출도 무시를 못 했다.

일단 구(舊) 주거지역이다 보니 지나는 길이 좁고, 차량과 주민들이 다니기에도 불편한 상황이었다. 이러한 문제를 해결하는데 지자체의 예산이 필요했으며 이 예산을 반영하기 위해 주민과 함께 많은 노력을 기울였다.

첫 번째 해결한 민원이 계기가 되어 광산구 21개동 주민자치위원회 협의회장으로 선출되어 지방자치 발전을 위해 노력하는 동기가 되었다. 남들은 어떻게 생각할지 모르지만 생활환경 개선을 통해 조금이라도 더 나은 지역주민들의 삶의 질을 높일 수 있는 일을 하고 싶었다. 단순히 동네 주민의 불편함을 해소하고자 하는 작은 생각으로부터 했던 일이 변화의 출발점이 되었다.

될 때까지 하면 된다.

'물 한 방울이 바위를 뚫는다'는 말이 있다. 미래의 풍요는 오늘 작은 사과나무 한 그루를 심는 데서 시작된다. 작은 것을 하찮게 여기는 사람은 미래의 풍요를 맛볼 수 없다. 작은 것 속에 엄청난 가능성이 담겨 있고, 엄청난 능력이 담겨 있기 때문이다. 우리의 연약함이나 한계를 초월할 수 있는 길은 작은 것을 반복해서 시도하는 것이다.

불굴의 의지를 발휘해 자신이 가진 것을 최대한 활용한 것처럼 멋진 것도 없다. 환경을 탓하거나 연약함을 탓하기 전에 우리는 아무리 사소한 작은 것이라도 일단 몸으로 부딪혀서 시도해보아야 한다. 처음에 성공하지 못했다 할지라도 다시 시도하고 또 다시 시도하다 보면 어느 단계까지 가 있는 것을 볼 수 있다. 천재처럼 보이는 사람을 만나 자세히 관찰해 보면 가장 단조롭게 보이는 일을 꾸준히 행하는 사람임을 알 수 있다.

안될 것 같은 일도 될 때까지 하면 되고, 사람이 올 때까지 기다리면 만나고, 아무리 어려운 부탁이라도 들어 줄 사람을 찾으면 해결되고, 수천 번 얽히고 설 킨 것도 풀릴 때까지 풀면 풀린다.

아프리카 부족들은 비가 오지 않으면 기우제를 지낸다고 한다. 기우제를 지내면 반드시 비가 온다고 한다. 그 이유는 비가 올 때까지 기우제를 지내기 때문이다.

> **광민 생각**
>
> 개미 한 마리의 움직임은 제방을 무너뜨릴 수 있고,
> 눈에 보이지 않는 세균 한 마리는 전 인류를 멸망하게 할 수도 있다.
> 사소함은 곧 우리의 삶과 죽음까지도 결정지을 수 있음을 명심하자.

제15장

한 사람 한 사람의
소중함을 알기에

추천사

정 경 모 (전라남도 교육청 연구원 원장)

'비행기' 세글자가 가지고 있는 의미는 대단하다
'비'전을 가지고 '행'동으로 옮기면 '기'적이 일어난다.
이는 강광민이 지금까지 살아오는 과정을
적절하게 표현하는 세글자인 것 같다.

무에서 유를 창출하고, 아닌 듯 한데 무엇인가를
긴 듯한 의미 있는 일로 엮어가는
그의 일상생활은 이 책에서 다 보여줄 수는 없지만,
다양한 계층의 독자들의 가슴에 큰 울림을 줄 것이라고 생각된다.

그의 초롱초롱한 눈동자와 상대를 배려하며
자기의 주장에 대한 논리를 전개해 가는 언변,
누구든지 그리고 이를 행동으로 보여주는 진정성으로 인해
그와 만나는 사람은 쉽게 인연을 놓지 못하는 것 같다.

우리는 각자 수많은 꿈을 가지고 살아가지만
행동으로 실천하는 방법이 다르기 때문에 다양한 삶을 살아간다.

앞이 보이지 않은 암울의 청소년기에서
지금의 모습에 이르게 된 것은 자신을 꿈을 실현하기 위해
부단한 노력을 하면서, 인생에 있어서 늦게 찾아온 결정적 시기(critical periods)
를 놓치지 않았고, 수많은 힘든 경험과
많은 독서를 통해서 이룬 결정체라고 본다.

이 책을 통해 많은 독자들에게 감동을 줄 것으로 믿고,
또 그를 만나고 싶은 충동을 느낄 것이라 생각된다.
그는 만나는 사람을 누구나 멘토로 삼고, 또 멘티가 되기도 한다.
강광민의 끝은 어디까지 일지 항상 궁금하다.

제15장

한 사람 한 사람의 소중함을 알기에

　어떻게 보면 무모할 정도로 뛰어다니며 관계자들에게 호소하고 설득했던 마을 도로 개통 사업은 주민들에게 큰 효과를 안겨주었다. 주민들 간의 화합도 눈에 띄게 좋아졌다. 아마 3천명의 청원 과정에서 서로를 독려하고 다독였던 결과가 아닐까 싶다. 도로 개통의 결실을 가져올 수 있었던 것은 마을 사람들의 단합된 의지가 없었더라면 아마 불가능했으리라고 본다. 하지만 주민들은 하나같이 모든 공을 나에게 돌리며 마주치는 사람들마다 나에게 인사를 잊지 않았다. 처음에는 사실 약간 우쭐하기도 했지만 그걸 계기로 한 사람 한 사람에 대한 감사함을 가지게 되었고, 지역 사회발전과 주민들의 복지를 위해서 최선을 다해 헌신과 배려를 해야겠다는 다짐을 하게 되었다. 또한 청원서를 받을 때 한 명이 열 명이 되고, 그 수가 늘어갈수록 더 큰 힘을 발휘할 수 있다는 것을 깨달았던 계기가 되었다.

말 한마디의 위력

마을 도로개통 사업을 추진하면서 보여줬던 마을 사람들의 말 한마디는 나에게 또 다른 목표와 꿈을 꿀 수 있도록 만들었다.

"아무리 생각해봐도 광민 씨만큼 도전정신으로 부딪혀가며 지역사회발전을 위해서 성심을 다하는 사람은 거의 보지 못한 것 같다. 힘은 들겠지만 한번 본격적으로 정치에 관심을 갖고 움직여 보는 것은 어떤가?"

그때까지는 단 한 번도 생각해본 적도 없었지만 자꾸 들으면 들을수록 자신감이 쌓이면서 지역사회발전을 위해서 정말 뭔가 할 수 있을 것 같았다. 자연스럽게 진지한 고민이 시작되었다. 기존 무역학 학사와 석사학위를 가지고 있지만, 정치적 꿈을 실현하기 위해서는 행정을 알아야 하겠기에 행정학 석사까지 받게 되었다. 지역사회발전과 행정학과는 밀접한 관계가 있기도 하지만 이와 관련하여 기본부터 차근차근 하나씩 배우고 싶은 마음이 치솟게 되었던 것이다.

큰 아들이 초등학교 때 태권도장에 다니던 때의 일이다. 그곳 도장에서 양파의 실험을 한 적이 있다. 햇살이 비치는 창가에 두개의 양파를 유리병 속에 넣어두고 모든 관원들이 들어오고 나갈 때 사랑의 말과 악의적인 말을 한 결과, 한쪽은 푸릇푸릇하게 잘 자랐지만 다른 한쪽은 썩어 문드러지기 시작했다. 이 실험은 아이들에게 교육적인 효과가 컸다.

물의 경우도 놀랄만한 결과를 보여주고 있다. 세계 최초로 물 빙결(氷結) 결정(結晶) 사진집인 『물로부터의 메시지』을 발간하여 세계적인 관심을 끌고 있던 일본의 파동 연구가 에모토 마사루(江本 勝) 박사의 파동연구를 15년간 하던 중 물이 사람의 의식을 반영한다는 것을 알게 되었고 '모든 에너지의 근본은 물이며 물은 인간의 의식을 반영한다'고 설명하고 있다. 그가 찍어 놓은 사진을 보면 놀랄 만큼 물의 결정체가 달라짐을 볼 수 있다. 쇼팽의 빗방울(Raindrops) 음악을 들려줬을 때, 큰 결정 좌측 위로 또 하나의 작은 결정이 보이는데 그것은 마치 빗방울이 떨어지는 것 같은 모습이다. 차이코프스키의 백조의 호수를 들려줬을 때도 마찬가지다. 물의 결정이 마치 아름다운 발레리나가 늘씬한 다리로 춤을 추고 있는 것이 연상될 정도다. 더욱 놀라운 것은 소리뿐만이 아니라 문자에도 반응을 한다는 사실이다. '너를 죽이겠다.'라는 글자를 보여줬을 때, 마치 복면을 쓴 어떤 사람이 좀 더 작은 다른 사람의 멱살을 잡고 죽이기라도 하듯 주먹질을 하는 것 같은 모습을 보여준다. 물이 살기(殺氣)를 띠고 있다고 느껴질 정도다. 만약 이런 물을 마시게 된다면 우리 의식은 어떻게 될까?

소리와 문자는 듣거나 보여지는 그대로 강력한 에너지가 되어 상대방에게 전달되는 것 같다. 물조차도 그런 반응을 보이는데 사람에게는 과연 어떠한 영향이 미칠 것인지 진지하게 생각해 볼 필요가 있다. 말 한마디는 사람을 죽이기도 하고 살리기도 하는 보이지 않는 무기다. 나 또한 '마을 주민이나 지인들의 힘을 주는 말 한마디가 없었더라면 과연 행정학 석사과정을 시작했을까?' 하는 의문이 든다. 살면서 누구나 한 번쯤은 다른 사람들의 말 한 마디로 힘을 얻거나 또는 상처를 받은 적이 있을 것이다. 그만큼 말 한 마디에는 큰 위력이 있다.

생각하는 대로 이루어진다

행정학 석사과정을 밟던 중 코팅된 내 자신의 목표를 우연히 본 나는 깜짝 놀랐다. 한동안 잊고 살았던 목표 중의 하나가 그대로 실현되고 있던 것이다. 그 목표는 바로 '국가 발전을 위해 조금이라도 기여할 수 있는 사람이 된다.'였는데 실제 마을 도로 교통 문제로 뛰어다닌 이후에 지역사회 발전을 위해서 행정학까지 공부하리라고는 전혀 생각조차 못했던 것이다. 어떤 일을 하든지 말하는 대로, 생각하는 대로 하나씩 이루어진다는 게 맞는 모양이다.

하지만 단순히 생각만 한다고 이루어지는 것은 아무것도 없다. 보통 자기계발서와 관련된 책을 보고 있으면 이상과 현실은 전혀 다른 데도 불구하고 생각만 하면 모든 것이 너무 쉽게 이루어질 것 같은 착각을 갖게 만든다. 물론 어느 누구나 쉽고 빠른 지름길을 가고 싶어 한다. 그러나 그런 길은 없다고 봐야 한다. 하루 종일 기도실에서 틀어박혀 건물이 완공되기를 바라는 것과 같은 이치다. 건물의 기초 단계인 터파기를 위해서는 포클레인을 움직이든지 삽이나 곡괭이를 부여잡고 열심히 땀을 흘리며 땅을 파야 한다. 행정학을 배우기 위해서는 주간에 일을 하고 야간에는 부지런히 대학교 정문을 통과해 들어가야 한다.

예전 'EBS 지식채널'에서 흥미롭게 본 방송이 있었다. 그것은 1979년, 미국 하버드대에서 '시계 거꾸로 돌리기'라는 심리학 실험을 한 내용이었다. 70대의 노인 여덟 명을 대상으로 1주일 동안 아무것도 하지 말고 놀기만 하면 돈을 주겠노라고 했다. 참가한 노인들은 무슨 그런 게 있냐면서 의아해했다. 그런 그들에게 대신 조건이 있다고 말했다.

"여러분 마음대로 자고 싶으면 자고 술 마시고 싶으면 마시고 하루 종일 즐기시기 바랍니다. 어느 누구도 거기에 대해서 간섭을 하지 않을 겁니다. 대신 여러분들의 모든 생활과 행동, 말하는 내용, 생각까지도 모두 정확하게 20년 전인 1959년의 상태로 갈 것입니다. 20

년 전의 노래를 듣고, 드라마를 보고, 야구게임을 보면서 그때 당시로 돌아간 듯 대화하고 생각하시는 겁니다. 그리고 두 번째는 청소, 설거지 등 무엇이든 스스로 해야 한다는 것입니다."

그렇게 말하자 노인들의 대다수는 부정적인 반응을 보였다.

"우리는 지금 걷는 것도 힘들어서 그냥 쉬고만 싶은데, 과연 그렇게 할 수 있을지 모르겠네."

하지만 실험이 끝나면 거기에 합당한 비용도 지급해주겠다고 하자 워낙 조건이 좋아서 노인들은 할 수 없이 원하는 대로 실험을 할 수밖에 없었다.

처음에는 부담 없이 그냥 1주일 정도만 해보자는 마음으로 시작했다. 그런데 하루 이틀, 사흘이 지나면서 이상한 일이 벌어지기 시작했다. 실험 초반에는 도저히 청소를 못 하겠다고 하던 노인들이 점점 노래를 부르며 집안일을 척척 해나가고 있었다. 빨래와 집수리도 하면서 표정들이 밝아지기 시작했다. 실험 초기 힘겹게 몸을 끌며 들어오던 모습들은 전혀 찾아볼 수가 없었다. 1주일이 지난 어느 날, 노인 여덟 명의 신체 나이를 측정해보니 시력, 청력, 기억력, 지능, 악력 등 많은 부분에서 50대로 되어 있었다고 한다.

생각이란 이렇듯 거의 모든 영역에서 엄청난 힘을 발휘한다는 것을 볼 수 있다. 부정적인 생각은 자신감과 용기를 잃게 하고, 우리의 내면에 잠재된 재능과 능력을 파괴한다. 모든 것은 생각한 대로 이루어진다는 것을 믿고 몸을 움직여 적극적으로 실행해보자.

눈앞의 이익에 급급해 경솔하게 행동하기보다는
미래의 가치를 위해 사려 깊은 행동을 해야 한다.

제16장

멘토(Mentor)

추천사

신 상 열 (정직운동총연합회 이사장)

세상은 좋아지고 할 일은 많아졌다!
내가 어렸을 때만해도 대한민국이 무척이나 넓고 멀었다.
요즘은 전국이 일일생활권으로 바뀌었다.

주머니에 넣고 다니는 자그마한 핸드폰 안에서
할 일들이 자꾸만 쏟아져 나온다.
"카톡, 유튜브, 페이스북, 인스타그램" 눈도 바쁘고 귀도 바쁘다.
바쁘게 달리며 수많은 저명인사, 정치인,
교수, 경제인, 종교인들을 만나왔다.
많은 경험담, 무용담, 지식, 아이디어 등의
자랑찬 이야기를 들으며 배워왔다.
그런데 얼마 전 내가 존경하는 도 재택 이사장이
'강광민'이라는 경영학 박사를 만나보라고 권유하기에
그를 만났었다. 그에게 들은 이야기 중에 정부정책에
관한 이야기를 비롯하여 다양한 사회 현황에 대해 듣게 되었다.
한마디로 나도 귀가 넓어질 대로 넓어져 있는 사람인데…….
충격을 받았다고 말할 수밖에 없다.
구구절절이 맞는 말이고 여러 현안들에 대한
그의 처방 역시 즉시 효과를 볼 수 있을 것이라 믿어졌다.
참으로 그의 말은 이 시대를 살아가는 우리 모두가 관심을 갖고
풀어가야 할 일이라고 생각이 된다.

나는 '좋은나라운동본부'를 92년 설립하여 10년간 해오다
2002년 '정직운동총연합회'로 명칭을 바꾸고 목적 취지를
이어가는 중인데, 강광민 박사를 만나고 그의 말을 듣고
그의 저서 '비행기' 내용을 알고 보니 우리 정직운동총연합회 회원들도
모두 이 책을 필독하므로 여러모로 생활의 영양분이
되기를 바라는 마음에서 이 책을 쾌히 추천 하는 바이다.

제16장

멘토(Mentor)

　호텔 등의 세탁물을 처리하는 사업을 하며 야간대학에서 경영학을 공부하며 실무적인 부분과 학문적인 부분을 접목해서 거래처의 경영컨설팅을 해주다 보니 많은 사업장들이 성공을 하는 것을 보고 전국에 걸쳐 8곳의 비즈니스호텔을 인수했다. 다른 사업장과의 차별성을 통해 성공적으로 운영되자 여러 가지로 생각이 많아졌다.

　사업의 다각화도 한번 생각해보면서 나름대로의 재미있는 상상도 해보게 되었다. 이제까지 단 한 번도 실패를 하지 않았기 때문에 자신감도 충만했다. 인수한 회사들이 나의 의지와 뜻대로 무난하게 잘 되어가자 마음도 약간 느슨해져 갔다. 예전에 가게에서 먹고 자던 시절도 남의 일같이 느껴지기도 했다. 그러다 보니 자연스럽게 다른 사업 영역까지 고민하기 시작했다. 주변에서도 사업 수완이 좋다면서 여러 가지 돈이 될 만한 아이템들을 소개해주기도 했고 직접적인 투자 권유를 유도하기도 했다. 지인의 소개로 나의 전문분야가 아닌 다른 분야에 투자하여 큰 손실을 보기도 했다. 엄청난 수업료를 내가면서 그걸 배울 수 있었다.

방향성이 없으면 추진력도 없다

돈의 유혹을 받아 본업이 아닌 다른 일에 빠져드는 순간, 그때부터는 일의 가치나 재미는 뒷전이고 사업도 잃고 결국에는 돈도 잃게 되는 것이다. 나에게 조언을 해 주신 분이 하신 말씀 가운데 아직까지도 기억에 생생하게 남아있는 말이 있다.

"사업을 하다 보면 위기가 닥치는 법이다. 전문분야가 아닌 비전문분야에서 그 위기가 닥치면 손을 쓸 방법이 없다."

방향성이 없는 사람은 판단이 제대로 서지 않은 상태에서 연습 게임만 하다 끝나거나 실험 대상이 되고 만다. 자꾸 길을 갈아타거나 귀가 얇아서 방향을 잡지 못하면 따르는 사람들도 우왕좌왕하게 된다.
추진력은 방향이 정해질 때 생긴다. 자신이 현재 하고 있는 일이나 위치에서 승부를 걸어야 한다. 현재의 위치에서 제대로 성과를 내지 못하고 좋은 평판을 얻지 못하는 사람이 설사 이직을 해서 다른 직장으로 옮긴다고 해도 그곳에서 성과를 내고, 적응을 잘 하리란 보장이 없다. 이직한 업체에서는 그 사람을 경력자로 채용한 만큼 빠른 시간 내에 확실한 성과를 보여주어야 한다. 자신이 하는 업무에서 능력이나 실력을 보여주지 못하고 업체에서 원하는 성과를 도출시키지 못하면 그 조직에서 한낱 아웃사이더에 머물 뿐이다. 가장 자신 있고, 자신의 강점이 있는 분야에서 승부를 거는 것은 동서고금을 막론하고 가장 확실한 성공요인이다. 그 본업이 지금 바로 내가 하고 있는 일이 되어야 한다.

우리에겐 이런 멘토가 필요하다

누구나 살면서 위기가 닥쳤을 때나 욕심이 앞서는 경우, 대상에 대한 사리분별을 제대로 못 하는 경우가 많다. 그런 경우는 거기에 합당한 주변의 지인이나 전문가로부터 조언을 받는 것도 중요하다고 본다.

나는 지금까지 성공적인 삶을 위해 열심히 달려 왔다고 생각한다. 달려오는 과정에 어려운 일도 많이 있었다. 어려운 일이 있을 때, 우리에게 힘이 되어주고 격려를 해주며 헤쳐나갈 수 있는 지혜를 주는 사람이 있다면 행복한 일일 것이다. 인생을 살아가면서 성공의 길을 밝혀주고 격려해주며 이끌어 주신 스승을 '멘토'라고 부른다. 나의

'멘토'이기도 하며 많은 조언을 해주신 곽영표 교장 선생님의 이야기이다.

실업계 고등학교 출신 최초로 KBS '도전 골든벨'에서 골든벨을 울려 기적을 만든 한 여성이 있다. 그녀는 바로 꿈쟁이 '김수영'이다. 그녀는 골든벨을 울리고 당당히 연세대에 합격하여 영문학을 전공하고, 런던대학교 대학원에서 경영학 석사를 마쳤다.

그녀가 어려운 가정환경 속에서 포기하지 않고 자신의 꿈을 이룰 수 있었던 것은 본인의 노력도 있었지만 주변 환경도 매우 중요했다. 그런 차원에서 곽영표 교장 선생님과 같은 멘토를 만난 것은 행운이라고 볼 수 있다. 곽영표 교장 선생님은 KBS '도전 골든벨'을 실업계에서 처음으로 도전하기 때문에 유치하는 과정에 정말 어려움이 많았다고 한다. 특히 학생과 선생님들 그리고 동문들의 반대가 심했는데 그 까닭은 모교 학생들의 부족한 자질이 전국에 알려질까 걱정되었던 탓이었다. 하지만 곽영표 교장 선생님은 강력한 리더십으로 전교생의 모의시험을 통해 한 달 동안 집중교육을 하였다. 그때 교육방식은 독특했다. 매일 시험을 보고 답안을 공개하여 채점은 학생 본인들이 하게 하고 모르고 이해가 안 되는 것만 선생님께 개인지도를 받게 하여 집중교육을 실시한 것이다. 결과는 KBS '도전 골든벨' 9회에서 실업계 고등학교 최초로 김수영 학생이 골든벨을 울리는 쾌거를 보여주었다.

만약 그녀에게 있어 '골든벨' 도전이 없었다면 지금의 성공은 어려웠을 것이다. 전남 여수의 실업계 고등학교 졸업 후 지금의 김수영과 같은 성공적인 미래는 보장되기 어려웠을 것이다. 곽영표 교장 선생님과 같은 멘토의 강력한 추진력과 리더십이 있었기 때문에 가능한 일이었다.

사람들은 멘토하면 대개 한 명으로 생각하는 경우가 많은데 사실 나는 여러 명의 멘토를 모시고 있다. 사업을 하면서, 학업을 하면서, 주민자치 활동을 하면서, 사회단체 활동을 하면서 다양한 분야의 멘토를 모시고 있다. 어찌 보면 분야별로 멘토를 모시고 있다고 해도 과언이 아니다. 지금 돌이켜보면 사업체 인수 후부터 안정화까지 그 짧은 기간에 재정적으로나 인적 구성으로 확실하게 탄탄하게 성장할 수 있었던 것도 다양한 멘토 덕분이다.

어느 대기업에서 멘토에 대해서 설문조사를 한 적이 있다. 거기에 대한 질문은 "어느 순간에 가장 멘토가 필요하다고 생각하십니까?"였는데, 결과는 '중요한 결정을 내릴 때'라는 응답이 가장 많았고, '불확실한 미래로 두려울 때', '지식이나 노하우가 부족할 때', '마음 속 이야기를 털어놓고 싶을 때'라는 답이 뒤를 이었다고 한다. 대부분의 경우 멘토는 가까이에서 지혜와 용기를 주며 이끌어주는 인물일 때가 많다.

반대로 길에서 우연찮게 만나는 누군가일 때도 있다. 짧은 인연을 통해 순간적인 깨달음을 얻고, 그걸 본인의 것으로 만드는 경우도 있기 때문이다. 하지만 그 짧은 시간동안에 그것이 자신의 인생에 영향을 미칠 수 있다는 것을 알기란 쉽지 않다. 그래서 일반적으로는 사람을 주요 멘토 대상으로 삼는데 반해 '책'을 자신의 인생 멘토이자 비즈니스 멘토로 생각하는 사람들도 많다. 책은 오랫동안 곁에 두고 볼 수 있기 때문이다. 사람이 되었든 책이 되었든 어쨌든 멘토가 있다는 것은 행복한 일이다.

**성공은 일부 사람들에게만 주어지는 선천적 특권이 아니다.
오랜 시간 반복적으로 훈련될 때 최고의 자리에 올라가게 되는 것이다.**

제17장

성공을 이룬
사람들의 힘

추천사

학송 이 영 춘 (광주향교)

동양 철학에서 적선을 행하는
세 가지가 있는데 하도의 적선은
배고픈 자에게 먹거리를 주는 것이요.
중도의 적선은 아픈 자에게 약을 주고
치료해주는 것이며,
상도의 적선은 사람들에게 꿈을 심어주고
참되게 살아가는 법을 가르쳐주는 것이란
말이 가슴에 와 닿는 순간이었습니다.
꿈이 없는 젊은이에게 꿈을 심어주고
자신감을 불러 일으켜주는
강 박사님의 체험에서 나온 생생한 산 강의가
저변에서 꿈틀거리는 희망의 증거를
더 많은 모든 이에게 심어주시길 바라며
큰 박수와 함께 무궁한 영광이
함께하시길 기원합니다.

제17장

성공을 이룬 사람들의 힘

　시간은 정말 빠르게 흘러가는 것 같다. 벌써 나이가 50을 향해 가고 있다. 하지만 나의 인생은 지금부터 시작이라고 생각한다.

　보통 동창회 모임이라든지 비슷한 또래의 동호회에 참석하다 보면 의외로 자신의 나이가 많다고 생각하는 사람들이 많은 것 같다. "내가 이 나이에 뭘 하겠냐?"라든지, "이 나이에 내가 하리?"와 같이 이야기하는 친구들을 볼 때면 안타까운 마음이 든다. 자신의 나이가 많다고 생각하며 더 이상 생산적인 활동을 중단해버린다. 그러다 보니 창의적인 부분과는 거리가 멀어지며 오히려 기존 방식조차 제대로 적응을 못 하는 경우가 많다.

나는 그동안 살아오면서 마음으로 존경할 만한 사람들을 많이 만났다. 그들 대부분은 하루를 정말 효율적이면서 생산적으로 보내는 사람들이었다. 그들은 다른 사람들과는 달리 긍정적인사고와 열정을 가지고 있으며, 꿈이 있는 창의적인 분들이었다. 그들은 생각하는 방식부터 남달랐다. 우리의 뇌는 생각대로 우리의 몸이나 사물을 움직일 수 있게 만드는 능력을 가지고 있다.

세상에서 최고라고 불리는 사람들은 자신의 극한점을 넘어선 사람들이다. 보통사람은 중간에 포기하고 마는데 끝까지 꿈을 이뤄낸 사람의 사고방식부터 달랐다. 꿈을 이루기 위해 최선을 다했기 때문에 오늘날의 성공자로 우뚝 서 있을 것이다.

성공의 모든 것은 꿈꾸는 대로 이루어 진다

우리의 뇌는 이론적으로 알 수 없는 엄청난 능력이 담겨져 있다. 아무런 생각을 하지 않고 하루하루 살게 되면 우리의 뇌도 거기에 맞춰서 아무런 동작을 하지 않는다고 한다. 하지만 수시로 다양한 방식의 사고를 하게 되면 뇌도 다양한 형태로 진화하며 변화된다. 「꿈을 이룬 사람들의 뇌」라는 책을 보면 뇌를 통해 몸의 질병이나 부정적인 감정과 에너지, 잘못된 습관이 고쳐질 수 있으며 그럴 때 행복과 성공, 건강은 자연스럽게 따라올 것이라고 말한다.

인간 두뇌의 역할과 기능에 관한 전문가인 존 디스펜자 박사는 20대 초반의 젊은 나이에 호화저택에 인생을 즐기면서 살고 있었다. 그러다 전혀 예기치 못하게 척추가 여섯 군데나 부러지는 사고를 겪는다. 의사는 척추에 철심을 박는 큰 수술을 하지 않으면 평생 전신마비로 살게 될지도 모른다고 경고했다. 하지만 그는 병원에 자신의 몸을 맡기는 대신에 뇌와 몸의 자연 치유력을 통해 문제를 해결하고자 했다. 그렇게 3개월 정도 힘겨운 싸움을 한 결과 놀랍게도 그는 스스로 걸을 수 있는 기적을 보여주었다. 그의 노력을 통해 인간의 모든 것은 결국 '뇌'에 있음을 증명할 수 있는 계기가 되었다.

고로 몸도 생각대로 바뀌게 되는 것이다. 하나의 생각은 직접적으로 건강, 습관, 삶의 질에 영향을 미친다는 결론에 도달한다. 그만큼 생각과 뇌는 밀접한 관계로 이어져 있다.

우리의 생각은 뇌에 무언가의 결과물을 도출할 수 있게끔 영향을 준다고 알려져 있다. 그러면 신체는 뇌를 통해 이를 그대로 받아들인다. 결국 생각과 몸은 일심동체가 된다. 그래서 긍정적이고 희망에 찬 생각을 하는 사람은 꿈꾸는 대로 이루어지고, 항상 부정적이면서 '나는 할 수 없다'는 생각을 가지고 사는 사람의 결과는 다를 수밖에 없다.

자신이 하는 일에 미쳐라

인간관계를 하다 보면 흔히 듣는 이야기 중의 하나가 "야, 그 녀석은 머리가 워낙 똑똑해서 사회에 나가면 뭐라도 될 줄 알았는데 건설현장에서 일용직 잡부를 하고 있다고 하던데…."라는 식의 이야기들이다. 물론 나의 경우는 원래부터 머리가 별로 좋지 않다는 생각에 '남들은 1시간만 해도 되는데, 나는 최소한 3시간을 해야 그들만큼 할 수 있어'라고 생각하며 살다 보니 그게 일부 습관화가 된 것 같다. 주간에는 회사 운영을 해야 하고 야간에는 밤늦게까지 공부를 하려다 보니 하루를 시간대별로 세분화시켜서 효율적으로 사용하지 않으면 아무것도 할 수 없을 것 같았다. 그러기 위해서는 피나는 노력만이 유일하게 내 자신을 살릴 수 있음을 체감하게 되었다.

무슨 일이 제대로 진행되지 않거나 아예 시도조차 하지 못하는 경우의 대부분은 사실 노력 부족으로 봐야 한다. 물론 천재지변이나 부득이 할 수 없는 상황이 생길 수 있지만 일단 자기 자신을 탓해야 한다.

우리들이 익히 잘 알고 있는 발레리나 강수진도 남들보다 늦게 발레를 시작했다. 그녀가 처음 발레를 접했을 때부터 그녀는 토슈즈를 벗지 않고 잠자리에 들 정도로 발레에 빠져들었다고 한다. 그녀는 하루에 15~19시간 동안 연습을 했고, 연습량이 많다보니 남들은 2~3

주에 걸쳐서 신는 토슈즈 4켤레를 단 하루 만에 갈아 신었다는 일화는 유명하다. 과연 무엇이 그녀의 발을 그토록 오랜 시간 토슈즈 속에 머물게 한 것일까? 그것은 다름 아닌 '발레가 아니면 안 된다는 것'이다. 한 분야에서 독보적인 성공을 이룬 사람들의 일관된 공통점 하나가 있다면 그것은 바로 '자신의 일에 완전히 미쳤다는 것'이다.

'미친다'는 말은 '자신의 일에 혼신을 다해 몰입한다'는 의미이다. 혼신을 다해 몰입해야만 아이디어가 나오고, 창조적 에너지의 원천인 영감을 얻을 수 있다. 어떤 분야든 미칠 정도로 매달리지 않으면 최고가 될 수 없다. 미쳐야만 남과 다른 경쟁력을 창출할 수 있다. 남들보다 다른 경지에 오르기를 원한다면 자신의 일에 미치지 않고는 도달할 수 없다. 자신의 일을 사랑하지 않고는 도달할 수 없다. 남들과 똑같이 먹고 자고 한다면 똑같은 사람이 될 수밖에 없다. 누구나 잠도 더 자고 싶고 놀고도 싶은 게 사람의 마음이다.

나는 아이디어가 떠오르면 모든 일을 잊고 밤낮을 먹고 자는 것도 잊어버리고 몰입했다. 이처럼 몰입에 빠지면 시간이 가는 줄도 모르고 연구를 하게 되고, 새로운 아이디어가 자꾸 떠올라서 잠자는 시간조차 아까웠다. 조선시대 우리 선조들도 미치지 않으면 방법이 없다는 것을 알고 '미치지 않으면 이룰 수 없다'라는 의미로 '불광불급 (不狂不及)'이란 말을 사용했다.

이기는 것도 습관이듯이 미치는 것도 습관이다. 습관은 즉 몰입이다. 몰입을 자신의 브랜드로 만들고 몰입으로 승부하라! 몰입은 두뇌전쟁, 인재전쟁시대의 창조적 에너지이다. 사람들은 누구나 즐겁지 않은 일에는 오랫동안 집중할 수가 없기 때문에 될 수 있으면 자신이 좋아하고 즐겁게 할 수 있는 일에 미쳐야 한다.

오늘 이 순간은 어제 사망한 사람이
그토록 간절하게 기다리던 내일이다.

제18장

아이디어의 원천

추천사

자 황 스님 (광보사 주지)

스스로 자신에 대한 분명한 신뢰와 명확한 주관은
인생의 훌륭한 출발점이자
시작점이 되며, 일과 상대에 대한 성실과 근면
그리고 진실과 열정은 쉼 없고,
중단 없이 나아가게 하는
힘찬 진행의 힘이 되며, 상황과 역경,
도전과 고난에 직면할 때마다 어떻게? 왜? 는
꿈꾸는 목표에 대한 정확한 설정과 확인,
그리고 또 착오 없는 성공을 위한 분명하고
정확한 방법들을 도출하는 과정이였음을
강광민 교수님의 책을 통해 깊게 느낄 수 있었습니다.

이 책을 벗 삼아 스스로를 비춰보며
자각하고 보완하고 분발하여 누구나가 비행기처럼
비약하고 도약하는 복(福)된 인생이 되시기를
마음 깊이 축원 드리고 기도드립니다.

제18장

아이디어의 원천

 주변에서는 나에게 추진력이 강한 아이디어맨이라는 이야기를 자주 한다. 하지만 일반 사람들과 비교하여 내 자신이 특별하거나 재주가 뛰어나다고 생각해본 적이 단 한 번도 없다. 실제로 그러하기 때문이다. 아마도 그동안 내가 기획하고 추진했던 그리고 어느 부분에서는 큰 성과를 이룬 것들로 인해 이러한 평가가 나왔으리라 짐작한다. 적자에 허덕이던 회사를 인수하여 경영하면서 도입한 새로운 매출 시스템과 경영방식으로 회사 사정은 몰라보게 좋아졌으며, 주민자치센터의 버려진 창고를 마을 갤러리로 만들기도 했다. 지역 일자리 창출과 경제 활성화를 위한 관광개발사업, 대한민국의 경제위기를 극복하기 위한 해법, 남·북한이 행복한 8천만 평화통일 서명운

등도 내가 이룬 큰 성과들이다.

창조적 아이디어의 원천은 '독서'

우리가 어떤 일을 만드는 기본적인 힘은 아이디어에서 나온다고 할 수 있다. 그렇다면 아이디어는 어떻게 하면 만들어질 수 있을까? 그건 바로 '독서'를 통해서 가능하다고 생각한다.

나는 늦은 나이에 야간대학에 가기 전까지는 사실 1년에 책 한권 제대로 보지를 못했다. 하지만 책을 보다 보니, 어느 날 책 속에 길이 있음을 절실하게 느낀 이후부터는 손에서 책을 놓는 날이 거의 없었다. 특히, 강사 활동을 하면서부터는 책 없이는 아무것도 할 수 없음을 더욱더 느끼게 된다.

이런 중요한 것을 어느 누가 말해주지 않았음에도 일찍부터 그것을 깨우친 분이 있다. 바로 교보문고의 창립자이신 대산(大山) '신용호 회장'이다.

광화문역 계단을 오르내리다 보면 '사람은 책을 만들고 책은 사람을 만든다.' 라는 돌에 새겨진 문구를 볼 수 있을 것이다. 그것은 '신용호 회장' 자체를 대변해주는 말이기도 하다.

신 회장은 잦은 병치레 때문에 학교 문턱도 가보지 못했고, 친구들이 초등학교 4학년 되던 해에 뒤늦게 학교에 입학하려 했지만 나이가 너무 많고 이미 정원이 찼다는 이유로 거절당했다고 한다. 그래서 정규 교육도 제대로 받지 못한 그는 '1000일 독서'를 생각하게 되었고, 3년 동안 도서관이나 주변 지인들에게 빌린 책을 읽으면서 또래 친구들이 미처 깨닫지 못한 차원이 다른 지혜를 체득할 수 있었다. 독서는 그에게 스승이자, 정신적 지주였으며, 아이디어의 산물이었다. 그렇게 독서를 통해서 깨우친 통찰력으로 24세에 중국에서 곡물회사를 시작했고, 41세에 세계 최초의 교육보험 회사를 세우고, 64세에 세계 최대 서점인 교보문고를 설립할 수 있었다.

교보생명의 '진학보험'은 전쟁 후의 궁핍한 한국 사회에 연간 10만 여명의 학생들이 입학금과 학자금을 마련하여 공부할 수 있도록 해줬고, 그 인재들이 한국 경제개발의 주역이 되었다. 신용호 회장은 그 공로를 인정받아 보험업계의 노벨상인 '세계보험대상'을 수상하기도 했다. 그가 서울 종로의 황금상권에 수많은 수익사업 제안을 물리치고, 교보생명 사옥을 짓고 그 사옥에서도 가장 입지적 조건이 좋은 지하 1층에 교보문고 본점을 개장한 것은 그의 창립이념이었던 '국민교육진흥'의 소신을 지켜낸 선택이었다. 마땅한 지하자원 하나 없는 나라에서 '사람이 곧 자원이다.' 라는 것을 직시하고 현재까지 창업주의 인재육성 신념을 실천하고 있다.

다양한 분야의 책들을 깊이 있게 읽다보면 뭔가를 '보는 눈'을 가지게 되고, 사고의 확장을 이룰 수 있다. 책은 지식의 원천이며 마음의 양식이라고 하지 않던가! 그만큼 책읽기가 중요하다. 일상에 젖어 무뎌진 우리의 감각은 책을 읽다보면 자연스럽게 일깨워지는 경우가 많다. 독서경영을 통해 회사를 지속적으로 성장시키는 상당수의 CEO들은 말한다. 창조적 아이디어의 원천은 독서라고.

일상에서 찾는 독서의 습관

"하버드 졸업장보다 더욱 소중한 것이 독서하는 습관"이라고 말한 빌 게이츠처럼 훌륭한 독서가가 되지 않고는 참다운 지식과 아이디어가 나오기 쉽지 않다. 영화감독인 스티븐 스필버그 역시 대단한 독서광이었다. 그는 드림웍스 본사에 직원용 도서관을 웬만한 대학 도서관 못지않게 꾸며 놓았다. 창의력과 상상력의 원천이 책에 있음을 어느 누구보다 잘 알고 있기 때문이다. 우리나라를 월드컵 4강에 올려놓은 거스 히딩크 감독 역시 대단한 독서광이다. 그는 소설과 역사책을 무척 즐긴다고 한다. 처음 대표팀을 이끌고 유럽 전지훈련에 나섰을 당시 코치들은 책만 잔뜩 들어있는 히딩크의 가방을 보고 놀랐다고 한다. 월드컵 직전에도 스포츠 심리학 관련 서적을 집중적으로 읽으면서 상대에 대해 치밀하게 준비했을 정도다.

국내 1위 계란 유통기업인 '주식회사 조인'의 한재권 회장은 초등학교 졸업이 정규 학력의 전부다. 이 회사는 전국의 주요 농장에서 하루 수백만 개의 계란을 생산해 대기업과 대형마트에 주로 공급한다. 흥미로운 것은 그가 숱한 한계를 극복하고 우뚝 선 비법은 '독서의 힘'이라고 밝혔다.

마흔이 될 때까지 직접 트럭을 운전하며 전국을 누비던 그는 책을 통해 새로운 인생을 살고자 운전기사를 새로 고용했고, 차량 뒷좌석을 독서실 삼아 틈나는 대로 다양한 장르의 서적을 탐독했다. 피터 드러커 박사와 이나모리 가즈오 회장의 저서는 모조리 밑줄 쳐가며 읽고 또 읽었다고 한다. 그러고 나서 해당 부분을 자신의 회사 업무에 어떻게 적용할 것인지 직원들과 진지하게 토론했다고 한다. 그런 식으로 정독한 서적만 1,000권이 넘는다고 한다. 이런 노력의 결과인지 2010년에 매출 1,000억 원을 넘는 '기적'이 찾아왔고, 다시 4년 만에 그 배가 되었다고 한다.

한국 미용업계의 최강자인 <준오헤어>의 강윤선 대표 역시 자신의 비밀병기 또한 '독서'라고 말한다. 대학 진학은 꿈도 꾸지 못한 채 기술고등학교 졸업 후 미용실을 연 그는 책에서 인생과 경영을 배워 종업원 5명의 동네 미용실을 세계적 헤어 그룹 웰라가 뽑은 '세계 10대 미용 기업'으로 만들었다. 그는 "독서를 통해 생각이 깊어지면 창의적인 아이디어가 샘솟고 손놀림까지 유연해져 업무 능력도 향상 된다."고 강조한다.

나는 다른 사람들에 비해 독서의 즐거움을 늦게 깨달았지만 그만큼 소중함을 알기에 쉽게 책을 놓지 못하는 것 같다. 사실 요즘은 잠자는 시간이 2~3시간밖에 안 되기 때문에 하루를 어떻게 보내는지조차 모를 정도다. 주말까지 밀려드는 강연 요청에 몸은 바쁘지만 항상 감사함을 느끼며 살고 있다. 그만큼 책도 많이 볼 수밖에 없기 때문이다.

독서는 우리에게 새로운 분야의 정보를 습득할 수 있게 해주며 이를 통해 통찰력과 사고력을 키울 수 있다. 또한 생각의 폭이 넓어지고 세상을 균형 있게 바라보는 판단력이 생긴다. 자신만의 고정관념에서 탈피하며 다른 사람의 견해를 통해 자신의 가치관을 넓힐 수 있다. 독서라는 간접 경험을 통해 다양한 사람들의 모습을 볼 수도 있고 새로운 세상이나 사상을 접하는 기회를 얻을 수도 있다. 독서를 통해 풍부한 정서와 감수성을 키울 수 있고 무엇보다 인간에 대한 이해가 깊어져 '인격수양의 길'이 된다. 이렇듯 독서는 자신의 성장과 삶에 큰 영향을 미치며 이것은 독서가 가지는 가치라 할 수 있다. 다시 한번 강조하지만 나의 아이디어의 원천은 바로 독서라는 것을 말하고 싶다.

**황금을 팔아 책을 사서 읽어라.
책을 읽으면 더 많은 황금을 살 수 있다.**

제19장

내 인생의
또 다른 꿈

추천사

박 종 덕 (고흥 대서중학교 교장)

어린 시절에 장날이면 지금의 회전목마처럼,
회전 비행기 놀이기구가 마을 입구에 설치되었고,
비행기에 올라탄 선택된 동네 어린 아이들의
동심은 한껏 부풀어 올랐습니다.

장난감 비행기로부터 어언 반세기가 지난 지금,
어린아이들은 물론이고 청년, 장년, 노년에
이르기까지 우리나라 여러 공항에선 매일
몇 십만 명씩 단지 꿈이 아닌 현실과 일상이 되어
해외 각국으로 비행기를 통해
각자의 꿈을 이루는 시대가 되었습니다.

비행기는 우리에게 많은 편리함과 이로움을 주었습니다.

지금의 현실에 안주하지 않고 급변하는 미래를
예지, 주도해 나아갈 수 있는 방법을 가지게 할 저자의 <비행기>
개정증보판 출간을 진심으로 환영하며 축하합니다.

대하는 사람마다 회전 비행기나 실제 비행기보다
어떤 꿈과 큰 희망을 가지게 될지 기대가 됩니다.
자기만의 꿈을 품게 되며 꿈을 이루는
좋은 친구가 될 것이라 확신합니다.
<비행기>와 함께 높고 푸른 하늘을 비행하시길 바랍니다.

제19장

내 인생의 또 다른 꿈

살아간다는 것은 끊임없이 꿈꾸고 치열하게 사는 일이다. 자아를 발견하고 방향성을 찾고 목적을 알고 실현해 가는 과정의 연속이다. 인생을 살아가는 데 있어 꼭 필요한 것은 내가 누구인지 내가 원하는 것이 무엇인지 알아야 한다. 그래야 힘듦 속에서도 자신을 담금질 할 수 있다. 혼자만 잘 먹고 잘 살려는 사람은 조그만 이익에도 배신할 가능성이 높다. 나는 혼자만의 사리사욕과 개인만을 위한 삶이 아니라, 사사로운 것에 연연하지 않고, 세상에 나를 내놓고 세상을 바꾸는 변화의 씨앗이 되어보고자 정치에 뛰어들었다.

나는 학연, 지연, 혈연, 정당 공천없이 2010년 6·2 지방선거 당시 광주광역시 광산구 제1선거구에서 광역시의원으로 출마했다. 고향도 아니고, 학교도 이곳에서 다니지 않았고, 친인척도 없는 곳에서 젊음의 패기와 열정 하나만 믿고 정말 열심히 뛰었다. 하지만 21.08%의 득표율과 5,356명의 지지를 받았음에도 전체 후보자 4명 중에서 2위로 떨어지고 말았다. 다행인지 어떤지는 몰라도, 다른 무소속 후보들보다는 지지율에서는 꽤나 앞섰고 지역의 구의원 출신 두 후보를 제치고 지역 주민들로부터 많은 지지를 얻어 그나마 위안이 되었다.

당연히 모 정당을 등에 업고 공천장을 받은 후보가 당선되는 것은 굳이 말할 필요가 없다. 물론 당시 지역주민들에게 어느 정도의 신뢰를 받고 있던 나에게도 공천장 제안이 오지 않았던 것은 아니다. 얼마간 공천장을 받아들일지 고민하던 시간이 있었다. 당선만 생각한다면 공천장이 중요했지만 지역과 지역민들을 진심으로 위한다면 '정당과 상관없이 자신을 희생시킬 줄 아는 인물'이 돼야 한다고 생각했다. 그래서 나는 과감히 무소속으로 출마했고 모든 걸 혼자서 헤쳐나가야 했다.

전국 무소속 1호 후보

당시 나는 성실성과 확고한 나만의 신념을 무기로 새벽부터 기다리며 선거관리위원회에 가장 먼저 접수함으로써 정치에 대한 나름대로의 열정을 보여줄 수 있었고, 그리하여 '전국 무소속 1호 후보'라는 타이들을 받기도 했다. 그때 한 언론사와의 인터뷰에서 다음과 같이 출마의 변을 밝히기도 했다.

"주민의 자치 능력이 지역 발전의 핵심일 수밖에 없고 그런 의미에서 지역을 대표하는 지방의원의 소임이 막중하다. 나이는 어리지만 주민들이 신뢰할 수 있는 시의원이 되기 위해 최선을 다하겠다"

2007년부터 광주 광산구 송정1동 주민자치위원장으로 활동하면서 발로 뛰는 생활 정치의 중요성을 실감했다. 주민들이 몸으로 느끼고 공감할 수 있는 생활 속의 정책과 공약으로 쾌적한 주민 생활공간을 창출하는 게 목적이라고 강조했다. 특히, 지방의원의 정당 공천제를 폐지해야 한다는 소신에서 무소속 출마를 결정했다. 기존 기득권층을 통한 정당 공천을 받게 되면 무조건 당선되는 정치현실은 주민들의 뜻을 무시하는 정치 후진성의 표본으로 보았고, 당 공천이라는 쉬운 길보다는 무소속 출마로 주민들에게 다가가는 생활정치를 펼치고 싶었다. 주민 자치능력이 지역 발전의 핵심일 수밖에 없고 그런 의미에서 주민을 대표하는 지방 의원의 소임이 막중하다고 생각한다. 하지만 선거 때만 되면 정당 공천이 폐지되어야 한다는 국민들의 우세한 여론 속에 정치권도 할 수 없이 정당 공천 폐지에 각 정당들이 앞세워 공약을 해놓고 나서도 유감스럽게 승리지상주의에 빠져 승리를 위하자는 명분아래 국민을 우롱하는 개탄스러운 정치 형태를 보이고 있다.

 정당의 중심은 책임 정치이다. 그러나 정당들은 권력쟁취, 선거승리에 너무 집착한 나머지 정당의 본질적 원리를 외면하고 국민과의 약속을 져 버린다면 정당 정치의 앞날은 암울할 수밖에 없다. 그러다 보니 국민과의 약속은 약속이 아니라고 생각하는 착각에 빠지는 것 같다. 일단 당선만 되고 보자는 논리로 후보자들은 말도 되지 않는 갖가지 공약들을 남발한다. '공약(公約)'은 말 그대로 공적인 약속이다. 즉, '국민들에게 실천하겠다는 약속'이다. 국민들은 전혀 생각지도 않거나 관심도 없는데 후보 쪽에서 자진해서 한 약속도 있고, 국민들의 요구에 마지못해 내거는 약속도 있을 것이다. 하지만 그 어떤 것이 되었든지 그것은 국민과의 약속이고, 사회에 대한 공개적인 약속이다.

 아무리 공적인 약속이라도 국민과의 약속은 법적 구속력이 전혀 없다는 게 문제다. 기필코 약속을 지키겠다는 정도로는 전혀 의미가 없다. 후보자의 약속이 각 언론사를 통해서 대대적으로 공개가 된다고 하더라도 그것이 계약서 같은 역할을 하는 것은 절대로 아니다. 혹시나 그 공약 때문에 유권자가 동요되고, 그로 인해 당선에 결정적인 작용을 했더라도 그것을 반드시 지켜야 할 의무는 없기 때문이다. 따라서 공약과 공약실행 의무는 전혀 별개의 것으로 봐야 한다. 누가 봐도 전혀 지켜지지 않을 공약이라도 국민들은 혹시 몰라서 어느 정도의 기대는 가지고 있다. 결국 그것이 대국민 사기극이라고 판명되더라도 후보 쪽이 손해를 볼 위험성은 거의 없기 때문에 아무 공약이나 내걸고 나서 아니면 말고 식의 행동을 하곤 한다.

 국민을 대표하는 정치인의 공약은 천금 같은 무게를 가져야 한다. 나라의 주인은 국민이고, 그 국민에게 약속한 사항은 반드시 지켜져야 한다. 그 국민의 요구가 그 무엇보다도 우선시 돼야 함에도 불구하고 본인들의 실리에 따라서 국민과의 약속을 손바닥 뒤집듯이 뒤집는다면 어느 국민이 믿고 따르겠는가. 다른 나라에서조차도 무시하려 들 것이다.
 기초선거는 말 그대로 지방자치를 담당하는 지역일꾼을 뽑는 일이다. 기초의회 구의원 시의원들의 주인은 지역주민이다. 하지만 지역성이 강한 정당의 공천장을 주는 사람이 주인 역할을 하고 있다. 그렇다 보니 공천장을 가지고 있는 국회의원이 주인이 됨으로써 국회의원 눈치만 보고 따라다니다 보니 패거리 정치가 된 것이다. 따라서 정당공천제는 폐지 되어야 하고, 구의원 제도는 없는 것이 맞고, 시·군·구 자치단체장도 관선제로 바꿔야만 올바른 국가운영이 될 것 이라고 생각한다.

꿈을 주는 교육에 희망을 달다

나는 정치인을 통해서만 지역민들을 위한 일을 할 수 있는 줄 알았다. 하지만 정치인이 되지 않고서도 방법이 있다는 것을 알았다. 여러 가지 활동 중 주민자치센터에서 주민자치위원 봉사활동을 하면서 마을도로 개통, 한국 경제위기 해법 칼럼, 문화 관광 레저 콘텐츠 발굴을 통한 일자리 창출, 평화통일8천만서명운동, 마을 갤러리 개설, 어려운 이웃돕기 자선경매 등 주민들에게 실질적인 도움을 주었을 때 주민들이 행복해하고 희망을 느낄 때 나는 너무도 감사함을 느낀다. 비록 정치인으로 활동하고 있지는 않지만 봉사자로 활동하면서 정책 등을 제안하거나 지역의 어려운 일들을 해결 할 때마다 자긍심을 느끼곤 한다.

지역 주민들에 대해 관심과 애정을 더 갖게 되었고 할일이 많이 있다는 것이 행복하다. 평일뿐만이 아니라 주말에도 전국 각지에서 강연 요청이 늘고 있다. 요청하는 주제도 다양하다. 이에 대해 주위에서 아낌없는 박수를 보내주고 도와주는 사람들이 갈수록 늘고 있는 것도 상당히 감사할 일이다. 그럴수록 내 자신을 더욱더 채찍질하고 노력해야 할 것이다.

특히, 우리나라의 미래를 짊어져 나갈 어린이들과 청소년들 그리고 더 나아가 청년들을 위해서도 실질적으로 도움이 되는 꿈을 심어주는 역할도 하고 있다. 국민들에게 꿈을 주는 동기부여자로 활동하는 길을 하나씩 밟고 나가다 보니 사회를 변화시킬 수 있는 것을 자랑스럽게 생각하고 많은 이들에게 꿈과 희망을 주는 전도사로 꾸준히 활동하고 싶다.

한 곳을 향해 일관되게 노력하면 성공 못할 일이 없다.

제20장

꿈과 희망이 있는
우리의 미래

추천사

정 문 섭 ((사)에이플러스성공자치연구소 대표이사)

강광민 박사를 초빙하면 강의 평가가 탁월하게 나온다.
최연소 주민자치위원장의 경력과
'비전을 가지고 행동으로 옮기면 기적이 일어난다'는
그의 실천 과정을 현장감 있게 소개하기 때문이다.

본인의 체험을 토대로 대중의 마음을 파고드는
강사의 역할은 어려운 사람들에게 한 자락의
빛을 뿌려주는 참으로 의미 있는 일이다.

실패를 성공시키는 힘의 중심에 용기가 있음을
직접 실천한 그의 인생역전에 찬사를 보낸다

엄동설한의 출판계에서 개정증보판까지 출판했다는
소식에 격한 박수갈채를 보내며,
이참에 베스트셀러까지 등극하길 기원한다.

제20장

꿈과 희망이 있는 우리의 미래

나는 평소 '비행기'란 단어를 무척 좋아한다. 그래서 그것을 책의 제목으로 정한 이유도 있지만 실제 공항에서 비행기가 활주로를 서서히 달리다가 높이 치솟으면서 저 멀리에 떠 있는 구름을 지나 날아가는 모습을 보고 있노라면 가슴이 두근거리면서 왠지 모를 꿈과 희망에 부풀어 오르는 것을 자주 느낀다.

라이트 형제는 무거운 동력 비행기를 최초로 제작하고 비행에 성공했다. 그들처럼 확고한 비전이 있으면 자연스럽게 행동이 따르게 마련이고 꾸준한 노력의 결과로 기대이상의 성과를 만들게 된다. 나는 비행기처럼 결코 실패를 두려워하지 않고 하늘을 나는 비행기처럼 그동안 많은 꿈들을 상상하고 실천하면서 거듭된 실패 끝에 결과물들을 만들어가고 있다.

미래 산업의 변화

　미래에 대한 준비를 어떻게 하느냐에 따라서 우리의 운명이 달라질 것이다. 변화를 감지하지 못하고 오늘을 어제처럼 변화 없이 살아간다면 미래의 결과는 불을 보듯 뻔한 일이다. 변화에 대응하지 못하면 '끓는 물속의 개구리' 이야기처럼 될 것이다. 개구리가 끓는 물에 들어가면 깜짝 놀라 뛰어 나오지만 차가운 물에 들어가 점점 따뜻하게 끓게 되면 위험한 줄 모르고 죽게 된다는 뜻이다. 변화에 반응하지 않고 무관심하게 있다가 큰코다친다는 이야기이다. 미래의 변화는 준비된 사람에게는 기회가 되겠지만 그렇지 못한 사람에게는 위기가 될 것이다. 변화에는 위험과 기회가 함께 도사리고 있다. 기회는 누구에게나 공평하게 주워져 있지만 그 기회를 잡을 수 있는 사람은 준비된 사람만이 잡을 수 있다. 4차 산업혁명은 창의력과 상상력으로 무장한 아이디어와 철저한 준비가 있어야겠지만 무엇보다 위험을 감수하면서 실패를 두려워하지 않는 불굴의 도전정신으로 기회를 만들어가야 한다.

5년 후의 삶

　나름 열심히 산다는 사람들 축에 속해서 누가 봐도 열정 넘치고 누구보다 성실한 삶을 살아왔는데도 과거보다 더 나아진 것이 없다면 열심히 살기만 했지 요령 없이 살고 있다고 봐야 한다. 5년 전보다 발전이 없는 사람은 모든 일에 상황적·환경적 핑계를 대며, 실패를 합리화하는 사람들이다.

5년 후 내가 어떤 모습으로 살고 있을지 생각을 하며 사는 사람과, 그렇지 못한 사람은 엄청난 차이가 난다. 5년 후를 상상하며 주도적인 삶을 살아보겠다는 마음가짐이 중요하다. 지금부터 5년 동안 오직 나만이 주도하는 삶을 계획하기에 가장 적당한 때는 바로 지금이다.

꼭 이루어야 할 꿈이 있다면, 열정을 태워야 할 일이 있다면, 큰 성과를 내고 싶다면, 지금 당장 시작하고 그 일에 미쳐야 한다. "나무를 베려거든 도끼부터 갈아야 한다"는 말이 있다. 목표와 목적을 제대로 알고 필요한 도구를 선택하고 그 일에 집중해야 한다.

지금부터 5년 후의 내 모습은 두 가지에 의해 결정된다. 지금 읽고 있는 책과 요즘 시간을 함께 보내는 사람이 누구인가 하는 것이다. 인생의 차원을 바꾼 비전이 있는 책과 창의적이고 진취적인 사고를 가진 성공한 사람들과 함께 지내다 보면 어느덧 당신도 그 대열에 합류해 있을 것이다.

어느 누구도 나의 인생을 대신 살아주지 않는다. 세상의 모든 것은 나 자신으로부터 나 자신에 의해 이루어진다. 우리들의 희망찬 미래의 멋진 삶을 기대해 본다.

비전을 가지고 행동으로 옮기면 기적이 일어난다.

제21장

강광민의 칼럼

공 약 꽃

강 광 민

장미꽃은 정말 아름답습니다.
아름다운 장미꽃 뒤에는
날카로운 가시가 숨겨져 있어
아픔을 남깁니다.

호박꽃은 조금 초라합니다.
초라한 호박꽃 뒤에는
정이 듬뿍 담긴 열매를 맺어
유익함을 줍니다.

국민은 원합니다.
화려한 장밋빛 공약이 아닌
호박꽃처럼 진정성 있는
공약을 원합니다.

칼럼 1

"경제위기 그 해법은?"

　내수경기가 장기적으로 침체되면서 소비심리는 더욱 악화되어 경제적 불안요인이 심각하다. 지금 대한민국은 총체적으로 성장 동력과 방향을 잃어버리고 표류하고 있다. 이러한 원인은 국가를 경영하고 있는 지도자들의 경제정책이 시대적 변화에 능동적으로 대응하지 못하였기 때문이라고 생각한다. 따라서 필자는 경제위기를 극복하기 위한 구체적이고 실천적인 방법론으로 경제정책을 제안하여 대한민국이 경제강국으로 성장하길 바란다.
　경제위기를 극복하기 위해서는 제일 먼저 고용이 확대되어야 한다. 고용이 확대되어야 노동소득이 증가하고, 노동소득이 증가하면 소비가 증가하고, 소비가 증가하면 생산도 증가하고, 생산이 증가됨으로써 고용이 확대되는 경제 선순환 모델이 창조된다.
　하지만 현재 우리나라의 근로자는 불행하게도 일자리가 없어 사상 최대 실업률을 기록하고 있다. 통계청이 발표한 고용동향에 따르면 우리나라의 실업자 수가 100만 명이 넘는 것으로 기록하고 있다. 하지만 중소기업, 생산직, 서비스업종에서는 일 할 사람이 부족하여 외국인 근로자 없이는 운영을 못 할 정도로 구인난에 허덕이고 있다. 현재 우리나라 실업자가 100만 명이 넘고, 우리나라에서 근무하고 있는 외국인 근로자가 100만 명이 넘는 것으로 파악되고 있다. 따라서 우리나라 실업자 100만 명의 실업으로 인한 소비활동 중단과 외국인 근로자들의 근로소득이 국내에서 소비되지 않고 외국으로 빠져나간다. 결과적으로 국내소비가 줄어들면서 생산이 줄어들고, 생산이 줄어들면서 고용이 줄어듦으로써 경제 악순환이 되고 있다. 따라서 우리나라 실업자 100만 명과 외국인근로자 100만 명을 합쳐 200만 명의 비경제 활동으로 인해 우리 경제는 악순환의 연속이다.

과거 우리 국민은 전 세계적으로 근면·성실함으로 직업능력이 뛰어나고 가장 부지런한 위대한 국민성을 가진 나라였다. 하지만 우리의 일자리가 줄어들고 외국인 일자리가 늘어난 원인은 여러 가지 이유가 있겠지만 가장 큰 원인은 국민기초생활보장제도의 부작용으로 발생된 것이라고 필자는 생각한다. 국민기초생활보장제도는 1997년 말 외환위기로 인해 대량실업으로 생활유지능력이 없거나 생활이 어려운 국민에게 최저생활을 보장하고 자활을 조성하는 것을 목적으로 국민의 헌법적인 권리를 보장하기 위한 복지정책이다. 하지만 표면적인 결과로는 성공적이라 할 수 있지만, 노동시장의 경직성과 자활사업의 한계점을 드러내고 우리나라의 환경에 적합한 복지정책으로 아직 정립하지 못한 것이라 평가할 수 있다.

보건복지부 통계자료에 의하면 우리나라 기초생활수급자 인구는 약 165만 명이고, 2020년 기준 1인 가구 기초생활수급자 생계급여가 527.158원이 지급되고 있다. 근로능력이 가능할 것으로 보이는 생애주기별 수급자비율은 청·중년기가 약 43%로 나타나고 있다.

국민기초생활보장제도의 부작용은 기초생활보장 수급자가 취업을 하게 되면 기초생활 수급권에서 탈락시키는 제도 때문에 안정적인 일자리를 찾는데 소극적이거나 취업을 포기하고 현행제도에 안주하려는 습성을 가지고 있다. 기초생활보장 수급자의 경우 직업능력이 대부분 최저임금 수준이다. 따라서 일용직으로 10여일 정도 일하면 약 100만 원의 일용직 수입과 기초생활 수급비 약 50만 원을 받게 되면 최저임금 수준이 되기 때문에 취업을 해야 할 필요성을 느끼지 못하고 있다. 따라서 기초생활 수급을 받고 있는 저소득층에서 해야 할 일자리를 외국인 근로자가 차지하고 있는 것은 제도적인 부작용이라고 볼 수 있다. 따라서 국민기초생활보장제도의 개선방안은 기초생활보장 수급자가 취업을 하면 수급자에서 탈락되는데, 반대로 취업이 이루어진 이후에도 일정 기간 기초생활 수급권을 유지시켜주고 생계급여를 지속적으로 지급하는 것이 바람직한 경제성장과 고용창출의 정책대안이 될 것이라고 생각한다.

이처럼 경제정책이 개선된다면 정부는 기초생활보장 수급자 관련

복지예산을 절감시키는 효과가 있다. 왜냐하면 기존 기초생활보장 수급자들이 취업을 하지 않고 있더라도, 국가는 기초생활보장 수급자에게 어차피 수급비 등을 지급해야 하기 때문에 그들이 취업을 성공한 이후에도 일정기간 수급비를 지급한다 하여 예산을 더 증액할 필요가 없다. 따라서 일정 기간(약 3년 정도)후부터 수급비를 조금씩 줄여 간다면 오히려 예산절감 효과가 있을 것이다.

　기초생활보장 수급자는 고용유지에 대한 불안감으로부터 벗어나 일에 더욱 집중할 수 있어 직업능력이 향상되고 장기근속을 통한 급여 및 수당 등이 인상될 뿐만 아니라 빠른 기간 내에 자립할 수 있어 안정적인 생활을 하게 될 것이다. 따라서 저소득층에서 중위소득층으로 올라감으로써 기초생활보장 수급자에서 벗어날 수 있어서 국가는 예산을 절감시키는 효과가 있을 것이다.

　결과적으로 고용창출 성과와 직업능력이 향상됨으로 기초생활보장 수급자는 저소득층에서 중위소득층으로 발전됨으로 삶의 질이 향상되고, 기업은 고용이 용이하므로 경제적 성과를 만들 것이고, 정부는 예산을 줄일 수 있어, 줄어든 예산으로 또 다른 복지예산을 늘릴 수 있다.

　기초생활보장 수급자 지원정책 개선방안은 경제위기를 극복하기 위한 구체적이고 실천적인 방법이라고 생각한다. 정부, 기업, 개인 모두에게 이득이 되는 경제정책이 선행됨으로써 경제위기를 극복하고, 각종 범죄를 줄일 수 있고, 국민들의 행복지수는 올라갈 것이다.

따라서 경제위기 극복을 위한 정책제안을 통해 21세기를 주도할 선진국가로 발돋움 할 것을 기대한다.

▶▶▶ "경제위기 해법은?" 지난 2017년 5월 9일 대통령 선거 때 후보들의 경제정책으로 일자리정책을 내놓았지만, 구체적이고 실현 가능성이 있는 정책이 없어 보여 부족한 글이지만 기고, 칼럼을 썼는데 선거당일 여러 언론사에서 동시에 나의 기고문이 나왔다.

칼럼 2

"주민자치센터에 '마을 갤러리'로 문화력 키워야"

　과거에는 국력의 지표가 국방력과 경제력이었지만, 오늘날은 문화가 국력의 중요한 지표로 떠오르고 있다. 가수 싸이가 불렀던 「강남 스타일」이 전 세계적으로 얼마나 큰 영향력과 경제적인 효과를 거두었던가? 문화적 가치가 국가 브랜드를 높여주며 국가를 부강하게 만든다. 따라서 시대적 변화에 대응하기 위해서는 문화산업을 다양하게 육성해야 할 것이다.

　다양한 문화콘텐츠를 개발하여 문화력이 강한 지방자치를 실현하고, 경제적으로도 발전해 나아갈 수 있는 창의적인 아이디어로 문화콘텐츠를 만들고자, 주민자치센터에 '마을 갤러리'를 만들어 주민들의 문화적 수준과 주민 삶의 질을 향상시키고 문화발전에 이바지하고자 필자가 제안한 것이다.

　주민자치센터는 행정자치부의 읍·면·동 기능 전환 기본계획에 따라 동사무소의 기능을 전환하여 우리 생활의 가장 가까운 행정 서비스를 받을 수 있는 공공기관이라고 할 수 있다. 주민자치센터는 민원과 복지를 중심으로 각종 문화행사와 편익시설과 프로그램을 운영하고 있다. 주민자치센터의 특성에 적합한 사업으로 마을 갤러리 사업은 지역적 특성을 살리고, 지역 경제 활성화에 기여하고자 기획하였다.

주민자치센터의 '마을 갤러리' 사업은 주민자치센터 청사의 비어 있는 벽 공간을 활용하여 다양한 문화(그림, 서예, 시, 사진 등)전시회를 할 수 있는 공간으로 활용하고 청사 외벽에는 마을 갤러리 간판을 설치하고 현수막 거치대를 만들어 전시회를 홍보할 수 있게 하고 누구나 대관할 수 있으며, 사용료는 1일 1만원을 주민자치위원회에 후원금 명목으로 후원하고 이용할 수 있다. 또한, 모여든 후원금은 다시 지역 어려운 이웃을 위해 사회복지기금으로 사용하고 있다.

'마을 갤러리'는 개인, 단체, 기업체,(학원, 유치원, 병원, 식당)등 누구나 참여할 수 있다. 예를 들어, 어린이집에서는 작품 전시, 병원에서는 의료봉사 사진전, 식당 대표는 서예전 등 그 외 다양한 작품전 등을 할 수 있다. 주민자치센터 청사 외벽에는 사업장 또는 개인을 홍보할 수 있고, 저렴한 비용으로 전시회를 할 수 있으므로 전시를 하는 개인 또는 사업장에서 이처럼 저렴한 비용으로 높은 광고효과가 있어 많은 단체 또는 기업들이 이용하고 있다.

또한 예를 들어, 교회신도의 작품전, 어린집의 작품전을 할 경우 전시회를 보기 위한 참여자들이 주변 상가를 이용함으로써 지역경제에도 도움이 될 것이다.

'마을 갤러리' 사업은 주민자치센터의 비어있는 벽 공간을 활용하기 때문에 많은 예산을 들이지 않고도 수익을 창출하여 지역의 어려운 이웃을 위한 복지기금도 마련하고, 전시를 보기 위한 관람객들이 주변 상가를 이용하기 때문에 지역경제에도 도움을 준다. 또한 지역 주민자치센터에는 마을 갤러리 문화콘텐츠가 있어 좋은 이미지를 부각시켜 지역의 브랜드 가치를 올려 줄 것이다.

'마을 갤러리'는 광주 광산구 송정1동 주민자치센터에서 기획하여 시범적으로 운영되고 있다. 마을 갤러리 문화콘텐츠를 통해 시민들의 문화적 수준과 주민 삶의 질을 향상 시켜 아시아 문화중심도시로써 위상과 광주발전에 도움이 되길 바라며, 더 나아가 전국적으로 주민지치센터의 '마을 갤러리' 확산으로 문화강국으로 발돋움되길 기대한다.

▶▶▶ "마을 갤러리"는 기획력이 뛰어나다는 평가가 많다. 처음 마을 갤러리를 오픈할 때는 지역의 병원의 의료봉사활동 사진전을 하여 후원을 받아 갤러리 오픈을 하였다. YTN, MBC, CMB 등 언론사들의 취재도 이어졌고 두 번째 전시는 지역의 작가 작품을 기증받아 전시를 하고 경매를 통해 들어온 수익금 전액을 어린이 병원비로 후원하여 방송되기도 하였다. 또한 지역사회의 공헌이 인정되어 구민의 상을 수상하는 기쁨도 함께하였다.

칼럼 3
"지방 자치에 바란다"

　우리는 민주주의의 꽃이요, 풀뿌리 민주주의라는 지방자치시대에 살고 있다. 지방자치는 관치행정보다 더 많은 노력과 책임이 따라야 한다. 지방자치의 성패여부는 그 지역사회의 구성원인 주민참여와 새롭게 대두되는 과제들을 얼마나 효율적으로 대처하느냐에 달려있다.
　우리나라의 지방자치제는 선진국에서 채택되고 있는 주민발의, 주민소환, 주민투표제 등의 강력한 직접참여제가 배제된 가운데 대표민주주의라는 간접자치제가 주종을 이루고 있다. 물론, 선거에 있어 투표권 행사라는 직접참여와 청원권의 유형인 탄원, 민원 등의 참여방법이 있긴 하지만 직접참여는 한정되어 있는 것이 현실이다. 따라서 지방자치는 선출된 단체장과 의원들의 자질과 능력에 따라 지방자치의 변화가 결정된다.

그동안 지방자치가 모두 다 그러한 것은 아니겠지만 너무 지역주의에 빠져 있어서 안타까울 따름이다. 조례에 지원법이 있다고는 하지만, 아파트 단지 내에 놀이시설, 정자, 자전거 보관대 등의 시공 및 보수공사를 지방자치에서 해야 할 일인지 궁금하다. 선거 때만 되면 정치인들은 서로 본인들이 했다고 주장하는데 이 논리가 맞다면 단독주택 주민들에게도 평상이라도 하나씩 나눠줘야 되지 않을까 생각한다. 국민의 세금은 공정하고 공평하게 사용되어야 한다. 그렇다면 아파트 단지 내의 시설물은 시공회사에서 해야 될 것이다. 그것도 아니면 아파트 관리비로 해야 맞지 않겠는가? 이러한 예산을 지역발전을 위해 제대로 사용 되어졌다면 우리가 지금보다 한층 더 발전된, 행복하고 살고 싶은 도시로 성장하지 않았을까 생각한다. 지방의회가 지역발전을 위한 대표적인 개발정책을 공통의제로 한두 개 정도 추진하고 나서 지역의 현안 문제를 해결하는 것이 바람직하지 않을까 생각한다.

지역발전을 위해서는 지역 이기주의와 집단 및 개인 이기주의를 버려야 한다. 지방의회가 지역발전을 위한 대표적인 개발정책을 공통의제로 추진하고 나서 지역의 현안 문제를 해결하는 것이 바람직한데 너무 지역주의에 빠져 있어 안타까울 따름이다. 물론, 지역 현안 문제도 중요하지만 선출된 단체장과 지역구 의원들이 자기 지역구의 가로등 공사, 하수구 공사, 소방도로 공사 등에 너무 집착한 나머지 보다 더 큰 틀에서 지역발전을 위한 로드맵을 잡지 못한 것은 풀뿌리 민주주의의 본질을 잊어버린 것은 아닌지 생각해봐야 할 문제이다.

지방자치는 선출된 단체장과 의원들의 자질과 능력에 따라 자방자치의 변화가 결정된다. 풀뿌리 민주주의는 역할분담을 통해 발전될 것이라 생각한다.

▶▶▶ 나는 2007년 광주 광산구 송정1동 주민자치위원장을 맡아 전국 최연소 위원장이 되었다. 그리고 2017년 광산구 21개동을 대표하는 협의회장을 맡아 전국 최연소 협의회장을 기록했다. "지방자치에 바란다"는 2014년에 쓴 기고문이다. 여러 언론사에서 기고 또는 칼럼으로 나갔고 전국의 자치단체에서 강의한 내용이다. 또한 국회의원회관 대회의실에서 제5회 대한민국 주민자치위원 대상을 수상하는 영애도 가졌다.

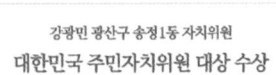

칼럼 4

"출산장려 문제 사회인식 변화해야"

이미 다가온 인구절벽 시대의 당면한 위기는 국가 존폐 위기라는 불안한 예측까지 하게 된다. 연애·결혼·출산을 포기한 "삼포세대"로 대변되는 인구 감소 현상이다. 21세기 들어 출산율 감소 현상은 사회적 위기감을 느낄 정도로 뚜렷해졌다.

1970년대 국가정책으로 크게 홍보됐던 것이 1가구 2자녀 갖기 운동이었다. 인구증가 억제책으로 아들딸 구별 말고 둘만 낳아 잘 키우자는 것이 정부의 인구 억제 정책의 표어였다.

여러 가지 방법으로 콘돔 무료보급운동, 예비군훈련장에서는 정관수술 시 수술비 무료는 물론이고 예비군훈련 면제 등 인구증가를 억제하기 위한 대대적인 국가정책이 행해졌다. 그 시절에는 오늘날과 같은 현상이 발생하리라고는 전혀 예측할 수 없었다. 비약적 경제성장에 의한 선진국 진입의 문턱에서 인구 감소라는 심각한 사회현상을 유발할 줄 누가 예측했겠는가.

　21세기 접어들어 지구촌 곳곳에서 뿐만 아니라 우리나라에서도 결혼과 출산율이 낮아지면서 1자녀 가구가 늘어났다. 근래에는 삼포세대가 출현하면서 인구절벽 현상이 더욱 뚜렷하게 나타나기 시작했다. 이런 인구절벽 현상이 계속되면 2100년에는 인구가 현재의 절반으로, 2500년에는 33만 명으로 줄어든다는 삼성경제연구소의 전망도 있다. 인구절벽 현상이 경제위기를 유발할 뿐만 아니라 국가존폐에까지 영향을 미친다는 불안감을 감지할 수 있다.

　저출산의 문제점은 과거 강력한 산아제한정책, 여성의 교육수준 향상과 사회활동 증가, 자녀양육에 대한 경제적인 부담 증가, 결혼연령의 상승 및 미혼 인구의 증가, 자녀에 대한 가치관의 변화 등으로 볼 수 있다. 특히 저출산의 해결방안을 뽑으라하면 일자리와 경제적 문제를 가장 먼저 뽑는다.

　필자는 저출산 문제의 해법은 일자리와 경제적 능력이 부족해서가 아니고 사회의 인식변화라고 본다. 과거 우리 부모세대는 일자리가 많아서 자녀를 많이 낳은 것은 아니다. 우리의 할아버지 세대의 출산에 대한 사회인식은 '자기 밥그릇은 자기가 가지고 태어난다.' 라고 하는 사회인식구조였고 우리의 부모세대에서는 '하나 낳아 잘 키우자. 무자식이 상팔자다.' 라는 사회인식구조 때문이다. 우리의 부모세대에는 출산에 대한 긍정적 사고이기 때문에 많은 출산을 하였고, 지금 우리세대는 어려서부터 출산을 하지 않아야 한다는 부정적인 인식을 가지고 있기 때문에 지금의 인구절벽의 현상이 되어진 것이라고 생각한다.

심각한 인구절벽 현상의 타개를 위한 획기적 출산장려정책은 사회적인 인식변화를 가져야할 것이라고 생각한다. 인구 증가는 국가적으로 매우 중요하다. 국가적 차원뿐만 아니라 민간차원에서도 함께 협력해야할 사회문제이다.

▶▶▶ 출산장려 기고문은 2007년 한국청년회의소 송정JC회장 때 지역의 산부인과 원장과 저출산으로 인한 경영난을 이야기 하는 과정에서 제안했던 아이디어로 산부인과를 홍보할 수 있는 방법으로 지자체가 주최하고 송정JC가 주관하고 산부인과에서 후원하여 출산장려 캠페인을 하였다. 그때 캠페인으로 끝나는 것이 아니고 실천하는 차원에서 큰아들과 14살차이, 둘째아들과는 12살 차이의 셋째 딸을 출산하였다. 또한 행정안전부장관으로부터 표창을 받기도 했다.

칼럼 5

「황룡 타고 천국 가는 꿈」
"새로운 문화관광콘텐츠 도입으로 자치능력과 삶의 질 향상"

과거에는 국력의 지표가 국방력과 경제력이 중심이었지만, 오늘날은 문화가 국력의 중요한 지표로 부각되고 있다. 시대적 변화에 대응하기 위해서는 문화·관광·레저·서비스산업을 다양하게 육성하고 고급화를 이뤄야 한다. 과거에는 대규모 관광시설 건립 등 하드웨어 중심의 관광정책이 한계에 부딪히자 최근에는 스토리텔링을 통한 소프트웨어적인 측면의 관광콘텐츠를 중심으로 변화됨에 따라 문화적으로 경쟁력 있는 지역자원기반콘텐츠 개발정책이 절실히 요구되고 있다.

특히 지방자치시대가 시작되면서 지역 간 경쟁이 심화됨에 따라 지역 경쟁력 제고 전략이 강조되고 있다. 지역경쟁력을 높이기 위해 고용창출을 목적으로 기업유치에 열을 올리고 있지만, 4차 산업혁명

시대에 접어들면서 로봇이 고용할 인력을 대신함으로써 기업유치에 따른 일자리 창출을 통한 지역경쟁력을 높이는 것은 한계가 있고 어려운 현실이다. 따라서 새로운 문화관광콘텐츠를 개발하여 외부의 관광객을 지역으로 끌어들이고, 머무를 수 있고, 지역경제에 보탬이 될 수 있는 콘텐츠를 개발하여 지역경쟁력을 키워 나아가야 할 것이다.

따라서 '굴뚝 없는 산업'으로 불리는 관광산업을 도입하여 지역경쟁력을 높여 나가야 한다. 관광은 단순한 방문과 체험을 벗어나 지역의 이미지 제고에 영향을 미치고 관련 특산물이나 먹을거리 등의 판매 향상을 부가적으로 창출하여 지역경제에도 기여하게 됨으로 도시의 이미지 제고 등을 고려한 관광 상품개발은 지역발전의 키워드로 급부상하고 있다.

아시아 문화 중심도시, 문화수도라는 광주의 이미지는 전문가 및 시민들로부터 문화관광콘텐츠가 부족한 현실이라 지적되고 있다. 따라서 치열하게 경쟁하고 있는 지방자치단체 간에 차별화와 경쟁 우위를 점할 수 있는 새로운 문화콘텐츠가 요구되고 있다.

창조적인 이야기를 바탕으로 광주광역시의 부족한 문화관광자원의 한계를 극복하고 지명을 활용한 극락강의 '천국마을'과 황룡강의 '용오름 쇼'의 창조적 스토리텔링의 문화관광자원을 발굴함으로써 다른 관광지와 차별화를 도모하고 지역 이미지 제고와 지역주민 삶의 질을 증진 시킬 수 있는 실행 방안을 제시하고자 한다.

첫째 '천국마을'은 극락강의 지명을 활용한 스토리텔링

천국마을은 극락강의 지명을 활용한 스토리텔링이다. 극락강은 광주광역시 광산구와 서구의 경계 위치에 있는 강으로써 광주천의 하류부분이다. 극락강을 사전적인 의미로 보면 이승과 저승의 경계의 강이라고 되어있다. 따라서 '극락강을 건너면 천국이다'라는 내용으로 극락강의 지명을 활용한 테마파크형 마을을 조성하여 '천국마을'을 만들면 우수한 관광자원이 될 것이다.

따라서 천국마을의 지명을 활용한 창조적 스토리텔링을 중점적으로 개발하고 전략적으로 활용한다면, 관광 수요창출을 통한 지역발전에 이바지 할 것이다.

둘째 '용오름 쇼'는 황룡강과 어등산의 지명을 활용한 스토리텔링

용오름 쇼는 황룡강과 어등산의 지명을 활용한 스토리텔링이다. 황룡강(黃龍江)은 장성에서 임곡을 거쳐 송산유원지를 지나 광주송정역을 거쳐 극락강과 합수되어 영산강으로 흐르는 지류이다. 황룡강 스토리텔링은 황룡강에는 "과거 황룡이 살았다"는 이야기와 광주송정역 뒤에 있는 운수동 마을에는 「구름 운(雲) 물 수(水)」를 쓰고, 어등산은 「고기 어(魚) 오를 등(登)」을 써서 '황룡강의 물에 살던 용(龍)이 구름을 타고 하늘로 승천했다'는 이야기를 스토리텔링 하여 매일 야간시간에 용이 하늘로 승천하는 레이저 쇼를 구현하여 잠들어 있는 이야기에 숨을 불어넣어 스토리텔링 하면 우수한 관광자원이 될 것이다.

광주광역시는 '오매광주'라는 브랜드를 사용하고 있다. 호남의 사투리이기도 하지만 '오매'의 뜻은 다섯 가지 매력이 있는 도시라는 의미가 있다. 따라서 머무를 수 있는 콘텐츠를 만들기 위한 전략으로 '오매'를 적용하여 다섯 마리의 용 이야기를 스토리텔링 하였다.

첫째 '흑룡'(黑龍)은 취업·직업에 관련된 소원을 특별히 들어주는 용
둘째 '청룡'(靑龍)은 건강과 관련된 소원을 특별히 들어주는 용
셋째 '백룡'(白龍)은 임신·출산과 관련된 소원을 특별히 들어주는 용
넷째 '적룡'(赤龍)은 이성간의 사랑과 관련된 소원을 특별히 들어주는 용
다섯째 '황룡'(黃龍)은 사업·경제와 관련된 소원을 특별히 들어주는 용

매일 다른 테마를 적용해 다섯 마리의 용에 이야기를 불어넣어 용(龍)이 승천할 때 소원을 빌면 특별히 소원을 들어주는 용으로써 소망과 재미를 넣어 매일 어떤 용이 승천할지 모르는 관광상품으로 개발해 매일 야간시간에 '용(龍)이 하늘로 승천하는 레이저 쇼'를 하게 된다면 대한민국과 호남을 찾아온 국내·외 관광객들이 용(龍)이 하늘로 승천하는 공연을 보기 위해 광주송정역으로 매일 야간시간이 되면 모여들게 될 것이다. 이렇게 모여든 관광객들이 공연을 보기 전에 공연장 인근에서 저녁식사를 하게 될 것이다. 또한 공연이 끝나고 나면 늦은 시간이 되기 때문에 공연장 인근 광주에서 숙박을 할 것이다. 따라서 경제적 소비가 이루어짐으로 지역경제를 이끌 성장동력이

되고 머무를 수 있는 관광상품이 될 것이다.

  셋째 '육해공 복합레저단지' 조성

  광주광역시의 황룡강과 극락강주변의 자연환경을 활용하여 하천에 자전거 길, 마차 길, 승마체험 등의 길을 만들어 육상레저산업을 개발하고, 어등산에는 패러글라이딩 체험장 등 항공레저산업을 개발하고, 황룡강에는 수상레저산업을 개발하게 된다면, 광주는 천혜의 자연조건을 가지고 다양한 체험을 할 수 있는 복합 레저타운을 형성할 수 있다.

  또한 많은 예산을 들이지 않고도 지역발전을 도모할 수 있다. 레저산업, 테마파크, 놀이시설 등의 기업을 유치하게 된다면 지역의 일자리창출과 지역 이미지 제고와 삶의 질 향상에 이바지 할 것이다.

  주변도시들의 우수한 관광자원이 많이 있지만 '머무를 수 있는 관광콘텐츠'가 부족한 현실에서 광주는 호남권의 중심도시이며, 유동인구의 접근성이 용이한 광주송정역을 중심으로 한 스토리텔링을 통해 황룡강의 '용오름 쇼'와 극락강의 '천국마을' 스토리텔링은 관광객들이 충분히 모여들 수 있는 광주의 새로운 문화관광콘텐츠가 될 것이며, 머무를 수 있는 거대한 관광도시로 성장하여 지역경제를 견인할 블루오션이 될 것이다.

  ▶▶▶ 새로운 '문화관광콘텐츠' 발굴은 나의 박사학위 논문의 핵

심 내용이다. 광주광역시 정책자문위원활동에서 '황룡타고 천국 가는 꿈'이라는 주제로 정책제안 및 기고와 칼럼 등 강의로 많은 사람들에게 이야기 하였다. 박사학위 논문으로 하기까지는 많은 어려움도 있었다. 경영학과 인사조직 전공인데 위의 논문은 관광학과나 마케팅 쪽에서 다뤄야 하는 것과 선행연구의 부족한 상황에서 쉽지는 않았지만 결과적으로 박사학위 논문으로 통과하였다. 그리고 2018년 1월 3일 나의 박사학위 논문을 가지고 지역의 대학(전남대학교, 조선대학교, 광주교육대학교, 호남대학교, 동강대학교) 다섯 개 대학 교수들이 참여하여 토론회를 열었다. 이 자리에는 대통령직속 일자리위원회 이용섭 부위원장이 특강을 하고 지역대학 총장들의 축하 가운데 포럼을 하였다. YTN, MBC, KBS, KBC, CMB 등 방송 및 언론사의 취재가 이루어져 더욱 영광스런 박사 논문이 되었다.

칼럼 6

"북한이탈주민의 지역정착 방안"

　북한이탈주민의 성공적인 정착은 통일을 대비하는 소중한 기회를 만드는 것이다.

　북한이탈주민이 우리사회에 정착을 하는데 많은 어려움이 있다는 점은 여러 측면에서 나타나고 있다. 우선 취업률과 평균소득이 상대적으로 낮은 수준을 보이고 있다. 이들은 경제적 적응 못지않게 북에 두고 온 가족에 대한 그리움과 죄책감, 그리고 새로운 환경에서 살아가야 한다는 두려움 등 심리적 문제도 안고 있다. 그리고 우리 국민이 갖고 있는 편견과 차별의식은 이들의 정착을 힘들게 하고 있다.

　북한이탈주민의 안정적인 정착 방안으로 경제적·물질적 풍요를 돕는 것도 중요하지만 새로운 가치관을 발전시키는 등 자유민주주의 체재에도 적응해 나아갈 수 있도록 지원과 관심을 가져야 한다.

　지역 내에 있는 북한이탈주민들에 대한 지자체의 관심이 필요하다. 현재 광주광역시에는 600여명의 북한이탈주민들이 거주하고 있다. 그러나 지자체는 북한이탈주민들의 지원정책이 중앙집권적 형태로 이루어진다고 생각하면서 이들에 대하여서는 관심조차 없다. 광주광역시청과 각 구청들에서는 다문화에 대한 예산은 편성되어 여러 가지 복지프로그램들이 이루어지고 있지만 북한이탈주민들에 대한 자치단체 예산은 거의 편성되지 않고 있다.

북한이탈주민들의 안정적인 지역정착을 위해서는 지역 복지프로그램과 밀접히 연관시켜 정착지원을 진행할 필요가 있다. 현재 북한이탈주민들의 지원정책은 통일부 지정재단 남북하나재단에서 이루어지고 있다. 그러나 현재 복지관 및 복지시설 프로그램은 보건복지부나 여성가족부의 예산으로 지역 사회복지프로그램들이 진행되고 있다. 결과적으로 각 복지관과 복지관련 시설들에서는 북한이탈주민들에 대한 케어가 거의 이루어지지 않고 있다. 그것은 복지기관들의 기관평가 항목에 북한이탈주민 업무는 들어가 있지 않으므로 각 복지시설들에서는 북한이탈주민들에 대한 관심이 거의 없다.

북한이탈주민들이 우리 주변의 복지시설과 복지 프로그램의 이용을 통하여 한국사회의 동화를 이룰 필요가 있다. 현재 북한이탈주민들에 대한 정착지원 및 복지는 남북하나재단산하지역 하나센터에서 이루어지는데, 이러한 정착지원은 북한이탈주민들만의 울타리를 조성하고 지역정착에 부정적인 현상을 초래할 수 있다. 즉 북한이탈주민들의 정착지원을 보건복지부와 밀접히 연관시키고 하나센터뿐만 아니라 지역 종합사회복지관에서 북한이탈주민들의 정착지원을 해야 할 필요가 있다.

지역 하나센터의 역할이 중요하다.

지자체와 복지기관들에서 북한이탈주민들에 대한 업무가 거의 이루어지지 않고 있는 실정에서 하나센터의 역할이 중요하다. 하나센터도 많은 노력은 하고 있지만 이들의 프로그램은 주로 주중에 이루어짐으로 집에서 노는 사람, 즉 기초생활수급비를 받고 있는 사람들 위주로 이루지고 있다. 취업자를 위한 프로그램 등을 통하여 동기부여가 필요하다.

북한이탈주민의 기초생활보장 수급자의 지속적인 관리와 지원이 필요하다.

정부와 지자체에서 탈북자의 기초생활보장 수급자의 경우 1인 50여만 원 정도가 지급되고 있다. 하지만 취업 등으로 수급자에서 박탈된 경우는 수급비 지급이 되지 않는 실정이다. 탈북자로서 직업적인 능력의 한계가 있기 때문에 취업을 해서 수입이 최저임금 수준이 대부분이다. 그렇기 때문에 취업보다는 일용직으로 선택되어지는 현실이다. 따라서 취업을 해도 단계적인 지원을 하여 정착할 수 있는 지원정책이 필요하다.

북한이탈주민들의 자립, 자활을 위한 사업에 관심을 두어야 한다. '고기를 주는 것이 아니라 고기 잡는 법을 가르쳐주어야 한다.'는 속담도 있듯이 스스로 살아갈 수 있도록 하는 것이 중요하다.

현재 북한이탈주민들의 자립과 자활을 위한 지역차원의 지원은 거의 이루어지지 않고 있다. 취업과 창업지원에 관심을 두고 지속적인 지지와 성원이 필요하다. 대한민국에서 나서 자란 우리 국민들도 창업생존율이 30%미만인데 북한이탈주민들의 창업생존율은 더 낮을 수밖에 없다. 하지만 끝까지 믿어주는 생각이 중요하다. 그러기 위하여 사회적 기업 및 개인창업에 대한 지원을 하여야 한다.

북한이탈주민들의 자녀들에 대한 교육에 관심을 두어야 한다.

북한이탈주민들의 70%는 여성으로 이루어져 있으며, 이들은 중국에서 힘겨운 생활을 보내면서 자식을 낳아 키운 엄마들이 많다. 이들이 중국의 자녀를 데리고 오는데 이들에 대한 케어가 없어 사각지대에 놓여있다. 이들은 한국에 들어왔지만 언어가 통하지 않고 친구도 없으며, 특히 탈북 및 제3국 등에서 여러 가지 이유로 정상적인 학과과정을 밟지 못하고 있다. 이들에 대한 케어를 하지 못한다면 엄마들의 성공적인 정착을 이룬다고 할 수 없다.

통일은 우리에게 또 하나의 도전이다. 북한이탈주민의 정착 과정에서 남북한 주민의 편견과 차별의식을 극복하고 신뢰를 통해 상호작용하는 사회통합의 과정이라고도 할 수 있다. 이런 맥락에서 북한이탈주민의 정착 방안은 통일을 대비하는 상호교류와 사회통합의 연습장이 될 것이다. 우리가 소수의 북한이탈주민과 더불어 살아갈 수 없다면, 통일 후 다수의 북한 주민들과 어떻게 살아갈 수 있겠는가?

▶▶▶ 북한이탈주민 지원정책 방안은 통일부 소속 통일교육원 위원과 민주평통 자문위원으로 활동하면서 전남대학교에서 여러 차례 발제자로 나서 북한이탈주민의 정착방안에 대한 칼럼이다. 또한 북한이탈주민 자녀와 자매결연을 통해 지속사업으로 신학기 학용품 나눔과 북한이탈 주민과 함께 통일 감자를 심고 수확하여 나눔을 실천한 내용이 YTN, CMB, KBC 등에 방송되기도 했다.

칼럼 7

"통일 공감대 확산은 세계평화에 기여"

　이 지구상에 유일한 분단국가인 한반도에 70여년이 넘도록 남북 분단의 현실은 변할 기미가 보이지 않고, 북한정권은 주민들의 열악한 인권과 민생 상황은 전혀 도외시한 채 오로지 핵과 미사일 능력 고도화에만 몰두하면서 위험천만한 도발을 지속하고 있다. 김정은 정권에 들어 북한의 핵과 탄도미사일 기술개발이 폭주하고 있는 상황은 우리에게 북한의 핵과 미사일이 더 이상 미래의 일이 아니라, 당장 우리에게 닥친 구체적이고 현실적인 위협이라는 점을 명백히 말하고 있다.

　하지만 대한민국은 보수와 진보로 나뉘어 갈등이 격화되고 서로 한 치의 양보도 없이 반목을 거듭하고, 주변국들은 자기들의 국익에 따라서 체제 및 정권유지와 무기판매를 위해, 우리의 분단과 대립을 조장하거나 즐길 수도 있어, 그 어느 때 보다 격동의 현장이 연출되고 있다.

또한, 분단이 장기화 되면서 어느덧 일부 국민들 사이에서는 분단 상황이 오히려 자연스럽게 여겨지고 통일을 마치 거추장스러운 것으로 여기는 경향이 나타나고 있다. 우리국민이 통일에 무관하거나 통일을 불필요하게 여긴다면, 통일의 기회를 만들기 힘들 뿐 아니라, 통일의 기회가 찾아온다고 해도 통일을 성취하기 힘들며, 통일이 성취된다 해도 통합과정이 부담스럽게 된다. 그리고 주변국의 지지와 협조를 얻는 데도 한계가 있게 될 것이다. 이런 맥락에서 국민의 통일의식 제고는 시대적 소명이라고 할 수 있다.

먼동이 트기 전에 가장 어두운 후 새날이 밝아오듯이, 지금 주변국들과 남북관계는 일촉즉발의 긴박하고 혼란한 현실은 곧 통일의 때가 가까이 다가오고 있음을 인식하고, 우리는 통일을 준비해야 할 것이다. 화해와 협력을 통한 지혜를 모아, 한반도 평화와 번영을 위한 구체적이고 실천적인 통일교육을 하고 통일 공감대를 만들어나가야 한다. 그런 의미에서 필자는 민간영역에서 구체적이고 실천적인 통일 공감대를 형성할 수 있는 "평화통일염원 8천만명서명운동"을 만들어 제안하고 있다.

평화통일염원8천만서명운동은 "남·북한 모든 국민이 서명을 할 때 8천만 명이 된다. 어떠한 조직이든 단체이든 50%가 넘으면 결정권을 가진다. 기업도 51%의 지분을 가지면 모든 권한을 행사할 수 있듯이, 8천만 명의 50% 즉 4천만 명 이상이 통일서명운동에 동참하게 된다면, 어느 누군가가 나서서 통일을 논하지 않아도 통일은 우리 손으로 만들 수 있다." 라는 취지로 통일 공감대 확산 운동을 펼치고 있다.

　서명 방법은 스마트폰 플레이스토어에서 8천만 서명운동 어플을 다운받아 누구나 쉽고 편리하게 서명운동에 동참할 수 있다.

　우리 민족은 분열되었을 때는 온갖 고초와 어려움을 겪어야 했지만, 국민이 하나로 단합하고 국론을 하나로 모았을 때는 비약적인 발전과 도약을 이뤄낸 역사를 가지고 있다. 통일에 대한 긍정적인 인식변화와 통일 공감대를 형성할 수 있는 "평화통일염원8천만서명운동"은 시대상황에 적합한 통일운동으로써 작은 불씨가 되어 온 국민들의 가슴에서 가슴으로 뜨겁게 번져 범국민운동으로 확산되어 한민족의 응어리를 풀어내는 계기가 되길 기원한다.

▶▶▶ 통일을 만들기 위해서는 국민들의 통일을 해야 하는 공감대가 형성 되어야만 통일을 할 수 있을 것 이라는 생각으로 만든 평화통일8천만서명운동이다. 이 운동은 2015년에 만들어 YTN, MBC 등 뉴스에 나오게 되면서 민주평통, 통일교육원 등에서 강의를 하게 된 내용이다. 또한 창의적인 아이디어로 통일공감대 확산에 기여한 공로가 인정되어 대통령 표창장을 수여한 영광도 있었다.

칼럼 8

"한반도 평화통일 실현을 위한 시대정신"

  이 지구상에 유일한 분단국가인 한반도에 70여년이 넘도록 남북 분단의 현실은 변할 기미가 보이지 않고 있다. 최근 몇 년간 세계사와 함께 한국의 정치사는 그 어느 때보다 걷잡을 수 없는 격동의 현장을 연출하고 있다. 유일한 분단국가인 한반도는 1945년 6.25전쟁과 분단이 우리의 의도에 의해서 이루어진 것이 아닌 강대국의 동북아 패권논리에 의해 기획 되어, 남과 북이 서로 다른 체제가 들어서 있다.

  자유민주주의 체제를 선택한 대한민국은 전쟁의 폐허 속에서도 산업화와 민주화를 발전시키며 인류가 공통으로 추구하는 자유·민주·복지에 놀라운 성과를 거두었다. 국민 개개인의 삶의 질과 국가 품격이 높아져 지구촌 여러 나라의 부러움을 사고 있다. 자동차·휴대전화·TV·화장품 등 Made in Korea 제품들은 세계시장을 휩쓸고 있으며, 대한민국의 경제 순위는 세계 10위권으로 우뚝 서 있다.

반면, 사회주의를 선택한 북한은 '조선민주주의인민공화국'이라는 국호에 걸맞지 않게 노동당 일당 독재와 김일성 일가의 권력독점으로 봉건왕권국가를 벗어나지 못하고 있다. 대다수의 인민은 기아선상에 있고, 인간의 보편적인 자유와 인권문제는 심각한 수준이고 세계최고의 빈민국가로 전락하고 말았다. 또한 김정은의 권력은 경제·핵 병진노선의 잇따른 핵 실험으로 이웃 국가들을 위협함으로써 스스로 국제적 고립만 자초하고 있다.

주변국들은 자국의 국익에 따라서 체제 및 정권유지와 무기 판매를 위해 한민족의 융성을 방해하기 위해 우리의 분단과 대립을 조장하거나 즐길 수도 있다.

우리 대한민국은 식민통치와 국토분단에 이어 전쟁을 통한 민족분단 등의 고난과 역경 속에서도 민주화와 산업화를 동시에 달성한 '기적의 대한민국'으로 국제사회에 자리매김 되고 있다. 그러나 분단체제의 지속에 따른 불안정성과 비정상성은 우리민족의 발전과 번영에 지체를 초래하고 있어 분단극복은 더 이상 미룰 수 없는 과제이다. 따라서 한반도 평화통일 실현을 주도적으로 이끌어가야 할 시대정신이 필요하다.

통일에 대한 긍정적 인식 변화가 필요하다.

분단이 장기화 되면서 어느덧 일부 국민들 사이에서는 분단 상황이 오히려 자연스럽게 여겨지고 통일을 마치 거추장스러운 것으로 여기는 경향이 나타나고 있다. 특히 독일이 통일된 이후 이른바 '통일비용'의 문제가 제기 되면서 통일에 대한 회의적인 시각이 증가 했다.

국민들의 통일의식 조사에 따르면, 통일비용이 너무 많이 드는데 굳이 통일을 할 필요가 있겠느냐고 생각하는 사람들도 있다. 특히 한반도 통일을 이끌어갈 젊은 세대들이 통일에 대한 관심도가 낮게 나타나고 있다. 사실 통일문제는 국가적 문제일 뿐 아니라 개인적 문제라는 점을 인식해야 한다. 모든 국민이 개인적 이익만 쫓고 국가적 관심사인 통일에 관심이 없다면 우리는 영원히 분단 상태로 남을 것이다. 또한 통일은 정부나 특정 전문가 집단의 몫이 아니라 우리 온 겨레가 만들어가야 하는 것이다.

우리 국민이 통일에 무관하거나 통일을 불필요하게 여긴다면 통일의 기회를 만들기 힘들뿐 아니라 통일의 기회가 찾아온다고 해도 통일을 성취하기 힘들며 통일이 성취된다 해도 통합과정이 부담스럽게 된다. 그리고 주변국의 지지와 협조를 얻는 데도 한계가 있게 될 것이다. 이런 맥락에서 국민의 통일의식 제고는 시대적 소명이라고 할 수 있다. 국민의 통일의식 제고를 위해서는 국민들로 하여금 올바른 통일관을 갖도록 통일교육을 확산하고 통일공감대를 만들어나가야 한다.

통일의식의 제고는 통일의 부담을 앞세우기보다는 통일의 긍정적 혜택을 생각하는 데서 나온다.

- 경제적 측면에서 동·서독은 통일 당시 경제적으로 약 4배의 차이였는데 아직도 극복을 하지 못하고 어려운 현실인데 남·북한은 현재 약 43배의 경제적 차이를 어떻게 극복할 수 있을 것인지 걱정이 앞서 통일에 대한 부정적인 선입견을 갖고 있어 젊은 세대에서는 통일을 원하지 않는 사람도 많다고 한다. 하지만 필자는 사회인식을 긍정적으로 바꾸게 되면 오히려 경제적 차이가 많은 것이 장점이 될 수 있다. 예를 들어 형제로 비유하자면 동·서독처럼 형제가 경제적으로 별 차이가 없다면 도와주고 싶어도 못 도와주는 상황이 될 것이다. 사는 것이 별 차이가 없는 형제에게 도움을 주게 되면 본인보다 우월해질 수 있기 때문에 도와주는 것이 어려울 것이다. 하지만 남·북한처럼 형제가 경제적으로 한쪽은 43배가 잘사는 부자이고 한쪽은 찢어지게 가난하다면 부자인 형제는 쉽게 도와줄 수 있고, 가난한 형제는 조금만 도와줘도 쉽게 자립할 수 있을 것이라 생각해서 동·서독보다 우리의 경제적인 측면에서 쉽게 풀어나갈 수 있을 것이라고 생각한다.

 또한, 한반도 통일은 우리 경제의 성장동력이 될 것이다. 통일이 되면 한반도의 내수시장은 8000만 명 규모로 커지고, 경제활동 범위는 한반도 전역으로 확대된다. 남한의 자본과 기술이 북한의 노동력과 지하자원과 결합됨으로써 시너지 효과를 극대화할 수 있을 것이다. 또한 한반도의 통일로 그동안 단절되었던 교통과 물류의 축이 연결되어 유라시아 대륙과 태평양이 연결됨으로써 한반도를 구심점으로 무역과 물류, 에너지, 관광 산업 등이 비약적으로 발달하게 될 것이다.

　- 안보적 측면에서 분단비용은 남북한의 분단 상태가 지속됨으로 인하여 불가피하게 발생하는 비용을 말한다. 단적인 예로 분단비용을 산출할 때 가장 먼저 고려되는 것이 방위비인데 지출규모가 엄청나다. 그만큼 다른 분야의 투자를 축소하게 되어 국가와 사회의 균형발전을 더디게 만드는 요소가 될 수 있다. 방위비처럼 직접적이고 유형적인 비용뿐만 아니라 눈에 보이지 않는 다양한 기회비용까지 포함하면 분단비용은 국가와 개인 모두에게 지금 이 순간에도 사회 곳곳에서 산출이 불가능할 만큼 발생하고 있다.

　우리는 지난 70년 이상 분단 상태로 살아오면서 그동안 얼마나 많은 분단비용을 지불해왔고 또 앞으로 얼마나 더 부담해야 할지를 심각하게 고민해야 한다. 통일은 곧 분단해소를 의미하기 때문에 분단 상황에서 소요되는 분단비용을 소멸시킨다. 따라서 분단비용의 해소는 통일 이후 즉각적으로 얻어지는 이익이며 통일비용으로 전환이 가능하기 때문에 통일은 한반도 안보 불안을 해소하고, 군비축소와 북핵문제의 근본적인 해결을 통해 동북아는 물론 세계평화에 기여할 것이다.

　- 민족적 측면에서 지난 70여 년간 분단으로 대립과 갈등 해소에 따른 정치·사회적 비용이 절감되고, 이산가족 등 분단으로 인해 고통받아온 사람들의 문제가 해결 되고 남북한 주민 모두가 자유롭고

행복한 삶을 누리게 될 것이다.

　우리 역사속의 통일은 민족 정통성의 회복이라는 의미를 지니고 있다. 우리 선조들이 이뤄낸 통일은 단순한 정치체제의 통합이나 영토 확장의 의미를 넘어서 분리된 민족의 정통성을 하나로 결합시키는 대업이었다. 남북한 민족동질성의 회복은 장기화된 분단으로 점차 이질화되고 있는 남북한 간 보편적 가치를 만들어가는 것이다. 이런 의미에서 남북한의 통일은 남과 북의 단순한 체제를 넘어, 민족의 소중한 가치를 회복하고 새로운 민족사를 창조하는 과정을 의미한다고 볼 수 있다. 이제 모든 국민이 주역이 되어 통일을 머리에서 가슴으로 끌어내리고 행동으로 준비해야 할 것이다.

　통일이 국가와 민족의 비전이고 대한민국의 미래이며 성장의 길이라는 목표의식을 가져야 한다. 통일국가로서 번영과 평화의 중심국가로서 세계의 중심 국가를 목표로 설정하고 나아가야 한다. 그동안은 한반도가 지정학적으로 강대국에 침략당하는 위치였다면, 이제는 화해와 화합, 그리고 교류의 중심이 되어, 통일된 한반도는 동북아 냉전과 세계평화 실현의 장이 되어야 할 것이다. 따라서 지구촌 마지막 화약고로 불리는 한반도가 통일이 되면 그 자체가 세계평화에 크게 기여한 셈이 될 것이다.

▶▶▶ 통일부 소속 통일교육원 위원으로 활동하면서 전남대학교에서 발제자로 나서 '한반도 평화통일을 위한 시대정신'에 대한 기고문이다. 또한 유치원생들의 통일작품전시회와 통일 버스킹 공연을 기획하였다. 우리 기성세대인 어른들이 만들어 놓은 분단을 우리 어린이들이 통일을 논해보자는 의미인데 유치원생들이 '통일'이라는 글자도 작품이 될 수 있고 어린이들의 뮤지컬과 통일 강사들의 버스킹 공연과 남녀노소 시민과 함께 '우리의 소원'을 합창하였다. MBC, YTN, 방송 및 언론사에서 초, 중, 고, 대학생이 통일을 논한다면 상식적인 이야기지만 유치원생들이 통일을 논한다는 것은 상식 밖의 일이지만 신선하다는 평가를 받고 아이디어가 참신하여 방송출연하였다.

비행기

독서 및 강연 후기 모음

<비행기> 독서 및 강연 후기 모음

전국에서 <비행기> 책을 읽으신 분들이 보내주신 후기와
저의 강연에서 청강하셨던 분들께서 보내주신
강연 후기를 책에 올립니다.
후기를 보내주신 모든 분들에게 감사드립니다.
많은 분들이 다양한 후기를 보내주셨지만
지면에 다 올려 드리지 못 함을
너그러운 마음으로 양해 부탁드립니다.
- 저자 강광민 올림-

강진교, 호남백과사전 대표

강광민 박사님의 소중한 인연으로 변화되는 제 자신을 발견하게 되었습니다. 지금껏 많은 시간과 돈과 열정을 쏟으며 지낸 나의 시간이 헛되지 않으리라는 희망을 붙잡을 수 있게 기운을 북돋아 주신 강광민 박사님께 감사드립니다. 꿈과 비전을 심어준 "강광민의 비행기" 책이 나의 삶에 큰 변화와 힘이 되었습니다.

강동완, 조선대학교 16대 총장

강광민이 만들어낸 "비행기"는 미국 노스캘로라이나주 라이트 형제의 비행기처럼 수많은 실패와 좌절 속에서 이루어낸 결과이다. 높이 나는 새가 멀리 볼 수 있다는 말이 생각난다. 끊임없는 도전으로 힘차게 달려왔고 이제 더 높은 곳을 향해 이륙하려고 하는 강광민의 비행기에 응원의 박수를 보낸다.

강태웅, 전남한맥산악회 회장

<비행기> 가족이 되는 날 강광민 박사님의 독특한 일대기를 보며 참 많은 생각이 들었습니다. 그중에서도 제가 깨달음을 얻은 것은 정말 남자답고 도전정신이 강하고 자기 자신을 믿고 미래를 구상하면 대단하고 멋진 사람이 된다는 점이었습니다. 강광민 박사님 앞날의 무궁한 발전이 있길 바랍니다.

김복싱, 카카오톡 매니저

강광민 교수님의 진솔하고 행동으로 이끌게 하는 열정적인 강의를 듣고, 변화되는 자신이 되기를 다짐해보았습니다. 우선 책 읽는 습관부터 하나씩 실천하도록 노력하겠습니다.
목표를 세우고 가다보면 언젠가는 이룰 것이라는 말씀을 가슴에 새기고 도전 또 도전해보겠습니다. 감사합니다.

김경은, 변호사

자신만의 꿈을 위해, 조용하고 변함없는 벗인 책을 읽고, 정직하게 자신과 마주하여 역량을 키우고, 성실하게 노력한다면 그 꿈은 기적이 된다고 이야기합니다. 현실에 익숙해져서 꿈을 잃고 사는 모든 사람들이 이 책을 통해 자신의 비전과 꿈을 회복하시길 진심으로 바랍니다. 꿈을 꾸는 것은 쉬운 일이지만 끊임없는 실천으로 이어지지 못해서 결국 기적을 만들지 못하고, 좌절한 이 시대의 모든 청년들의 벗이 되는 책이 되길 바랍니다.

김남선, 서울사회복지대학원대학 교수
"비전을 가지고 행동으로 옮기면 기적이 일어난다," 새학기를 맞이하여 꿈을 이루기 위한 열정으로 가득한 학생들에게 꿈을 실현하기 위한 디딤돌이 되는 한권의 책 "비행기"를 강력 추천합니다.

김미숙, 한국웨딩협회 회장
<비행기> 개정판 출간을 진심으로 축하드립니다. 끊임없이 힘차게 정진하고 있는 비행기가 더 높은 곳을 향해 이륙하길 기원합니다.

김병수, 전 광주동구청 부구청장
열정의 삶, 희망의 이야기입니다. 강광민 박사의 삶에서 오롯이 우려낸 이야기. 항상 꿈을 잃지 않고, 끊임없이 생각하고 도전하는 삶. 세월이 지나면 퇴색하는 지적 허영이 아니라, 평범한 이들의 삶의 고전이요, 어두운 밤바다의 등대 같은 이야기이다. "비행기"는 강광민 박사가 직접 자신의 체험을 말하는 것에 감동이 있는 것이다. 눈 덮인 산야에서 발견한 들꽃처럼….

김범환, YTN호남취재본부장
저자는 창의적인 아이디어맨이고 추진력이 정말 강한 사람입니다.
가장 큰 성취를 이룬 사람은 자신이 꿈꾸는 대로 과감하게 행동하는 사람입니다. 새로운 전환점이 필요하다면 이 책을 꼭 읽어 볼 것을 강력히 추천합니다.

김인호, 전 광산구 송정1동 동장
세계적으로 존경받는 저명인사들에게는 단순히 개인적인 성공이나 능력을 뛰어넘어 그것들을 통해 사회에 기여하고자 한다는 공통점이 있다. 저자의 비전이 성공한 사업가를 뛰어넘어 지역사회와 국가의 발전에 이바지하는 모범적인 시민으로써 실천하는 데에 있기에 그는 이미 우리 모두의 소중한 자산이자 저명인사이다. 그가 그저 자수성가에 성공한 사업가에 불과했다면 부러워하거나 시샘하고 넘어갈 일이지만, 우리는 그를 더욱 애정으로 바라보고 진심으로 응원해야 된다.

김연흥, 다스리가구 백화점 대표
비행기는 목적지를 향해 빠르게 정확하게 높이 날으는 것처럼, 비전을 가지고 행동으로 옮겨 기적을 만들어낸 작가님을 통해 많은 사람들에게 좋은 영향력을 심어지길 바래봅니다. 길을 가다 큰 돌이 있다면 나약한 사람은 걸림돌이라 생각하지만 꿈을 가진 강하고 진취적인 사람은 그 돌을 디딤돌이라 생각 한답니다. 사랑의 전도사라는 사명감으로 많은 이들에게 꿈과 희망을 전파해주세요.

김영택, 여주대학교 교수
인향(人香)과 아름다운 선율을 품은 저자!
가장 극한 고난과 시련의 터널이 있었기에 저자의 행동하는 모습에는 늘 향기롭고 아름다운 선율이 온전히 전율되어지고 있음을 느낍니다.
저자의 글을 통해 많은 독자들에게 감동과 인생교훈으로 전달 될 수 있기를 바랍니다.

김영희, 필통연구소 소장

옛말에 "입같이 게으른 것이 없고 손같이 부지런 한 것이 없다."고 했습니다. 강교수님의 열정은 곧 행동으로 연결되어 기적을 이루신 것 같습니다. 또 다른 기적을 향한 교수님의 내일이 더욱더 빛날 것을 믿게 합니다.

김원곤, 전 보성군 기획예산실장

나는 지난해 정년퇴임 한 사람으로서 "비행기" 책을 읽고, 강의를 들으면서 작가의 인생스토리를 보며 나의 인생을 재해석 했다. 특히 강광민 작가를 보면 창조성이 뛰어남을 알 수 있는데 이는 늘 같은 일을 하더라도 그 일속에 새로움을 불어넣는 능력이 있다는 것을 알 수 있다. 꿈이 무너져 좌절을 겪은 사람들이 인생행로를 바꾸거나 어떤 일은 새롭게 시작하려 할 때 필독해야 할 책이다. 나는 "비행기" 책과 강연을 통해 新중년 인생 삼모작의 새로운 경작을 준비하고, 많은 사람들에게 꿈과 희망을 주는 공부를 해야 한다는 마음이 더 강해졌다.

김정자, 비행기 팬클럽 회원

모든 일에 열정을 갖고 최선을 다하면 반드시 열매는 맺어지는 것 같습니다. 개정판 "비행기"에서 아름답고 탐스러운 큰 열매를 맺으시길 기원합니다.

김장설, KBS 문화공연 기획자

학창시절에는 뒤에서 1등에 가까웠지만, 사회에서는 앞에서 1등을 달리며 우리의 주변을 따뜻하게 밝히는 사람. 지역과 타인에 대한 지속적인 애정과 관심으로 뭔가를 만들어내는 열정적인 아이디어맨. 흙수저를 금수저로 바꿔주는 비전을 제시하며 이 시대의 영원한 빛이 되고자 하는 사람. 그 사람은 바로 희망의 빛. 강광민.

고문환, (사)전국귀농귀촌중앙회 사무총장

평소 "오늘은 어제 죽은 이가 그토록 바라던 내일이었다." 라는 문구를 무척이나 좋아한다. 실제로 살아가며 의식을 갖고 사는 것과 생각 없이 그냥 사는 것의 결과 차이는 어마어마하다. 강광민 박사의 비행기도 내용을 자세히 보면 시간과 약속의 중요성과 생각하고 사는 것의 중요성을 크게 강조하는 것으로 사료된다. 강박사의 자전적 에세이 '비행기'는 끊임없는 시도, 목표의식, 인내, 인맥의 소중함, 진실성, 심지어 통일에 대한 제언까지도 가득 담겨 있다. 해서 나는 아들을 포함해 만나는 젊은 친구들에게 이 책을 소개하곤 한다.

곽정숙, 광주경총 청강

비전을 가져라! 박사님의 강의 듣는 날 자고 있는 저 자신이 확 잠에서 깨어나는 걸 느꼈습니다. 준비한 자에게 기회는 오는 법. 그래서 말뿐이 아닌 행동으로 보여주는 비행기처럼 날아오르는 모습이 그려진답니다. 모든 이에게 꿈을 주는 박사님 파이팅!

곽장구, 회사원
강광민 박사님의 책과 강연을 듣는 순간 막 살아서 꿈틀거려 귓속으로 들어와 내 정신세계를 요동치게 만들어내고 미래를 준비하는 몫으로 큰 바위처럼 남게 됩니다.

나상현, 영농법인 제일RPC 대표이사
"때문에라고 말하는 사람보다, 덕분에라고 말하는 사람들이 성공을 한다." 성공하는 사람들을 보면 매사에 감사해 한다고 합니다. 감사함의 마음가짐이 말이 되고 행동이 되고 습관이 되고 인격이 됩니다. 그 인격은 성공하는 가장 큰 밑거름이 됩니다. 성공을 꿈꾸는 사람이라면 비행기를 권하고 싶습니다.

노성문, 자영업
태양광 사업으로 탄탄대로를 걷던 내가 50대에 생각지도 못한 사기를 당해 죽음의 문턱에 까지 갈 정도로 심각한 우울증으로 시달리고 있을 때, "강광민의 비행기(비전을 가지고 행동으로 옮기면 기적이 일어난다)"를 읽고 다시 일어서는 용기를 얻어 희망찬 내일을 향해 도전하고 있습니다.
순풍에 돛단배처럼 굴곡 없는 삶이면 덧없이 좋으련만 그렇지 못하고 어려움에 빠져 아무 의미 없이 생을 낭비하고 목표를 세우지 못해서 밤길을 헤매는 어두운 사람에게 이 책을 권하고 싶습니다.

문승렬, 조선대학교 교수

강광민 교수님의 비행기 출판을 축하드리며, 미래를 향해 비행을 시작하는 모든 이들에게 희망과 용기를 주는 책이라고 생각합니다. "비행기"는 우리들의 힘찬 출발을 응원하는 지침서입니다. 많은 분들이 이 책을 통해 더 큰 꿈을 이루시길 기원합니다.

박윤아, 프리랜서 아나운서

"비전을 가지고 행동으로 옮기면 기적이 일어난다." 이 얼마나 가슴을 뛰게 하는 멋진 말인가! 매사에 열정이 넘치신 강광민 교수님의 성공 스토리가 담긴 이 책은 비전을 찾지 못하고 헤매고 있는 수많은 사람들에게 좋은 지침서가 될 것입니다.

박수련, 현대쏠라텍 대표이사

소중하게 맺어진 인연으로 희망의 비행기에 탑승했습니다. 꿈을 주고, 동기부여를 하고, 올바른 길을 제시하는 특별한 달란트를 가진 강박사님을 응원합니다. 희망의 비행기가 세상의 빛으로 더 높이 날기를 바랍니다.

박순재, 광주공항 실장

누구든지 "비전"이란 단어가 머릿속에 있을 뿐 행동으로 연결시켜주는 과정이 필요하며 연결고리를 일깨워주는 이가 더더욱 중요하다. 강광민 교수님의 평온한 비행기는 "기존의 익숙한 것"에서 벗어나 안개 같은 과거를 접고 미래를 상상할 수 있도록 "비전"을 제시해준다. 꿈의 비행기로 거듭나시길 기원 드립니다.

박인선, 국제라이온스협회 355-B1지구 제43대 총재

상상이 현실로 재탄생되어 개정판 출간을 하시게 된다니 축하의 박수를 보냅니다. 꿈과 도전이라는 삶의 괘도에 저자는 하늘을 날아 미지의 세계를 정복하는 비행기를 높이 띄웠습니다. 이 책에서 우리는 모든 가능성을 발견하고 힘차게 날개짓을 하며 꿈과 도전을 위해 저자 자신의 삶과 함께 독자에게도 "Life Planner"로서 호흡을 함께 하고 있기에 누구나 꼭 읽어 봐야 할 필독서가 아닌가 싶습니다. 함께 공감하고 동시대에 아름다운 동행을 하며 모두가 꿈을 이루는 비행기가 되었으면 합니다.

박진호, 대한민국 주민자치 전문가

열강하시는 모습을 뒤에서 보았습니다. 과도하게 명랑하게 유쾌하게 재미있게 듣고 싶은 스토리로 만들어 역시 잘 하시네요. 오래전부터 알고 지낸 사람처럼 푸근했습니다. 좋은 인연 감사합니다.

변현숙, 해가 갈수록 당당하고 화려한 항상 젊은 숙녀

비행기 책 감명 깊게 잘 읽고, 많은 청년들이 감동받을 수 있도록 전주시내 도서관 가는 곳마다 신청 주문했네요. 노력은 성공을 만들고 신념은 기적을 일으킵니다. *두려워 말라 내가 너와 함께 함이니라. 놀라지 말라 나는 네 하나님이 됨이니라. 내가 너를 굳세게 하리라. 참으로 나의 의로운 손으로 너를 붙들리라.*(이사야41:10)

임수연, 신호엔지니어링 대표이사
신이 인간에게 준 가장 공평한 선물은 시간입니다. 가난한 사람도, 부자인 사람도, 모두 하루 24시간을 살고 있습니다. 시간은 누구에게나 동일하게 그리고 그 시간에 무엇을 할 것인지는 자신이 선택합니다. 삶에 지쳐 잃어버린 비전들을 다시 꿈꾸게 하고, 그 꿈들을 행동으로 옮길 수 있는 기적을 가져다 준 소중한 책 "비행기"를 추천합니다. 이 시대를 살아가는 모든 이들이 비전을 꿈꾸고 행동하고 기적을 이루는 아름다운 세상이 되기를 간절히 희망합니다.

이면규, 무형문화재 제15호 은장도 장인
실패의 크기만큼 성공의 크기가 달라지며, 봉사의 크기만큼 행복의 넓이도 달라집니다. 국민이 연이라면 강광민 선생님께서는 줄이 되어 주세요.
<비행기> 개정판 출간을 축하드립니다.

이미숙, 유진엄마
'비전을 가지고 행동으로 옮기면 기적이 일어난다.' 언제나 노력하는 모습으로 주변 사람들에게 작은 것에도 세밀함을 보여주면서 웃음과 희망을 주며 안겨주는 이 시대의 진정한 일꾼이자 리더의 역할을 일깨워주는 웃음꽃이 피어나는 동반자라고 부르고 싶습니다.

오동근, 광산문화원 원장

강광민 박사는 문화관광콘텐츠 전문가입니다.
창의적인 아이디어로 독창성이 있는 스토리텔링을 아주 재미있게 풀어내는 능력이 탁월한 문화기획가입니다. 많은 분들이 비행기 책을 읽고 꿈을 이루길 기원합니다.

양승곤, 광주청년JC포럼 상임대표

비·행·기 개정판 재출간을 진심으로 축하드립니다.
비전을 가질 수 있는 생각을, 행동으로 옮길 수 있는 가슴을,
그 생각과 행동을 뜨겁게 현실의 기적으로 만들 열정을 마음속에서 키우는 책! 모든 분들이 자기만의 멋진 꿈을 꽃피우시길 소원합니다.

우장수, 광산가정교회 목사

비전을 행동으로 옮겼던 옛 성현들 또한 우리가 본받아야 할 최고의 산 교육자들입니다. 이 시대에 이러한 풍토와 교육을 이어가려면 반드시 비행기의 2탄 책자가 소중하지 않을까 희망을 담아봅니다. 비전을 행동으로 실천하면 기적이 일어나리라 확신하며, 앞으로 많은 이정표의 역할이 되기를 소망하며 발간을 진심으로 축하를 드립니다.

안광현, 유원대학교 교수, 공공자치학회 회장
만능재주꾼 강광민 박사는 사랑하고 존경하는 아우님이다. 함께 한반도 통일을 꿈꾸고, 주민자치를 위해 일하는 동지이다. 강광민 박사의 책을 받은 지 2년이 지났다. 그런데 시간이 지날수록 독자들의 열기는 식지 않고 더 뜨거워진다. 왜 그럴까? 이 책은 꾸밈없이 진솔한 삶을 이야기하고 독자로 하여금 꿈을 꾸게 하기 때문이다. 나는 술을 마시진 않지만 가끔 주요 행사에 참석해서 간단한 축하나 건배사를 해야 할 때가 있다. 그때마다 비행기를 외친다. 비행기는 매력이 있어서 사람들이 금방 중독이 된다. 대학교 제자들에게도 저자 강광민 박사의 스토리를 이야기하며 "비전을 가지고 행동하라. 기적을 이룬다"고 말할 수 있어서 행복하다.

안남열, 사단법인 광주발전포럼 회장
"비행기" 비전을 가지고 행동으로 옮기면 기적이 일어난다.
무에서 유의 기적을 만들어낸 강광민 박사님의 글과 강연을 듣는 순간 제 심장이 요동을 치고, 과연 나는 인생을 얼마만큼 잘 살아왔는가를 돌아보게 되는 계기가 되었고, 어려운 환경을 비전과 인생승부로 당당하게 성공하신 강광민 박사님을 존경하게 되었습니다. 비전과 목표를 향해 좌절하거나 포기하지 않고 꾸준히 노력하면 반드시 성공할 수 있습니다.

안흥균, 국제원예가협회 대한민국 대표회장
서 있으면 앉고 싶고 앉으면 눕고 싶은 게 사람의 마음 아닌가?
하지만 강광민의 비행기는 사업 성공과 봉사 그리고 철학까지 실천하는 삶을 살아가는 경험과 진솔한 이야기를 담은 도서이자 현 우리 사회에 던지는 희망의 메시지입니다.

이상은, 시더스그룹 회장

비행기는 인생 로드맵을 만들어가는 과정에서 삶에 대한 애착을 바탕으로 성장발전을 추구하는 강광민의 자전에세이 입니다.

강광민의 비행기는 자기통제와 절박함, 끊임없는 시도, 자신만의 방법, 만학도의 열정, 시련과 아픔, 사소한 것의 실천, 사람의 소중함, 아이디어의 원천, 또 다른 꿈, 우리의 미래 등 스스로를 돌아보고 인생 로드맵을 그려가면서 도전하고 성취하고 성장하며 이루어내는 원천을 경험 속에 잘 녹여내고 있습니다.

각자의 소중한 "비행기"를 만들고 드높은 창공을 멋지게 날 수 있는 인생의 주인공이 되시길 희망합니다.

이성수, 전 광산구 부구청장

무한경쟁 시대에는 혁신을 바탕으로 하는 참신한 아이디어가 나와야 높은 부가가치를 창출 할 수 있다. 이미 하고 있거나 알고 있는 것을 탈피한 새롭고 실천 가능한 아이디어가 혁신의 출발입니다. 저자는 다양한 분야에서 창조적인 아이디어를 내 놓고 실천하는 모습에 감동을 주는 사람입니다. 꿈을 현실로 이루어내고 싶다면 "비행기"를 읽어보라고 추천합니다.

이정선, 광주교육대학교 6대 총장

책을 통해 20년 30년 또는 평생의 경험과 노하우를 짧은 시간 안에 받아들일 수 있다는 저자의 말처럼 이 책을 통해 수많은 좌절과 고통 속에서도 그를 이 자리에 있게 해준 비전과 행동 그리고 기적과 같은 이야기들을 마음속깊이 받아들며 진심으로 응원한다.

이종모, 광주지구 JC특우회 지구회장

JCI 조직의 2007년 동기회장으로 첫 인연의 끈을 맺어 "조국의 미래 청년의 책임"이란 참으로 위대하고 아름다운 이상을 향해 봉사를 함께 하고 있습니다.
저자의 치열하게 노력하고 열심히 살아왔다는 증표가 "비행기"가 아닌가 생각합니다. 많은 이들에게 꿈과 이상의 나래를 펴게 하고 용기를 주는 고맙고 아름다운 비행기를 만들어 온 세상을 희망으로 물들게 해주심에 감사합니다. <비행기> 응원합니다.

임홍기, 국회방송저널 부회장

강광민의 비행기는 꿈의 비행기입니다. 한 사람의 가슴이 진실을 알릴 수 있고, 한 사람의 참 삶이 세상을 바꿀 수 있습니다. 강광민의 비행기는 우리 모두가 꿈꾸는 희망입니다.
이 책에서 보여준 희망의 날갯짓은 누구나 쉽게 따라할 수 있는 필독서입니다.

정송, 행정공무원

강광민의 "비행기"에는 그의 삶이 녹여져 있다. 흙수저로 태어났지만 그는 자신이 하는 일에 대해서 열정을 가지고 행동에 옮겼다. 누군가 나에게 성공에 대해 묻는다면 강광민의 "비행기"를 읽어보라고 말하고 싶다. 그의 행동방식을 따라 하다보면 우리에게도 성공이라는 빛이 보이지 않을까….

정순영, 광주소비자연맹 회장

강광민 박사의 열정을 다하는 모습은 가끔 게을러지려는 제 마음을 확~잡아줍니다. 아이디어가 많은 강박사님 쉼 없이 국가를 생각하고 지역을 생각하는 마음을 읽을 수 있었습니다. '비행기' 개정판 출간을 축하드립니다.
비행기 날아라!

조승환, 세계최강 맨발의 사나이

'비행기'는 희망과 용기와 도전정신을 심어주고 좌절과 실의에 빠진 사람들에게 용기와 도전정신을 심어준 책이라고 생각합니다. 인간의 한계를 넘어 초인으로 불리우는 세계 최강 맨발의 사나이 조승환도 비행기 책을 접하고 더욱 도전정신을 배웠습니다. 청소년들에게 추천하고 싶습니다.
비행기는 희망입니다. 파이팅!

조승자, 자치리더십센터 센터장

현재 우리 삶의 방향성을 제시하기 위한 야심찬 비행을 또 다시 시작한다. 꿈을 가지고 꾸준히 노력하고 실천한 결과, 항로를 찾게 된다. 그 안에 진솔함과 열정이 있어, 또 한 번의 기적이 일어날 것이라 확신한다. 저자의 미소를 생각하면 오늘이 행복하고, 내일의 희망이 그려진다.
인연이라는 이유로 모두에게 나누고, 열정이라는 정성의 시간을 보태 주변 사람들을 아주 특별한 사람으로 만들어주는 따뜻한 강광민 박사의 글에 필독을 권합니다.

조현호, 정수기 대통령

내 인생에 있어서 몇 번이나 타봤는가? 비행기에 오른다는 것은 누구나 품을 수 있는 희망과 기대가 남다를 것이다. 강광민 박사님의 <비행기>에 탑승하면서 주체할 수 없는 가슴 벅차 오름은 또 다른 용기와 나도 할 수 있다는 자신감을 갖게 된다. <비행기>를 통해 이룩하는 방법과 승객으로서 지켜야 할 덕목들을 배우고 익힐 수 있지만 가장 큰 장점은 이 순간만큼은 내가 기장이 되어 자동항법 시스템에 의존하지 않고 직접 항로를 결정하고 목적지를 향해 맘껏 꿈을 품을 수 있어 나에게 정말 큰 행운이었다. 지금도 <비행기>를 통해 알게 된 깊은 뜻을 생각하면 심장이 두근거리는 흥분을 가라앉히기 어려울 정도로 끈기와 열정이 솟구친다. 다시 한번 비전과 꿈을 갖고 행동하면 기적이 일어남을 일깨워주신 강광민 박사님께 감사의 인사를 드립니다. 특히 <비행기>는 청소년 뿐 아니라 직장인과 사업자들에게도 꼭 추천하고 싶습니다.

전준서, 조선대학교 학생

"비전을 가지고 행동으로 옮기면 기적이 일어난다." 책 제목이 말해주듯이 나에게도 목표를 설정하는 동기부여가 되었습니다. 많은 사람들이 이 책을 읽기만 하고 끝나는 것이 아니라 정말 구체적인 목표를 가지고 실천하시길 바랍니다. 첫발을 내딛는 사회 초년생으로 나아가는 데 있어서 필독서라고 생각합니다.

전상직, 한국주민자치 중앙회 회장

주민자치위원으로서 모범적인 사례와 자신의 꿈에 대한 도전과 실천을 담은 강광민의 '비행기'는 수많은 실패와 좌절 속에서도 끊임없이 일구어 놓은 결실이라고 생각합니다. 창의적인 아이디어와 실행력을 만들기 위한 동기부여가 되리라고 확신합니다.

최봉희, 청암대학교 겸임교수

강광민 교수님! 빛과 소금의 감동이 있는 명강의 너무 좋았습니다.
"비전을 가지고 행동으로 옮기면 기적이 일어난다." 비행기 응원합니다.

최순늠, 파이징글로벌 지니어스 클럽장

비행기 시리즈 개정판을 축하드립니다. 비행기 처음 구독 후 많은 사람들의 꿈을 찾아준 강광민 기대됩니다. 언제나 강의와 책을 통해 모든 것을 행동으로 보여주는 비행기를 실천하시는 강광민 박사님 존경합니다. 감사합니다. 고맙습니다. 사랑합니다. 화이팅!♡

최지산, 지산컴퍼니 대표

평소 존경하는 강광민 박사님의 "비행기" 개정판 출간이 마치 제가 출간하는 마음처럼 기쁘고 행복합니다. 열정이 넘치고 번뜩이는 아이디어는 타의 추종을 불허합니다. 무에서 유를 창조하는 이 시대 최고의 명강사로써 울고 웃길 수 있는 재치와 위트가 있는 최고의 강사로 자신 있게 추천합니다. 다시한번 출간을 진심으로 축하드립니다.

최희원, 조선대학교 총학생회 부회장

우선 제가 존경하는 강광민 교수님의 책을 볼 수 있는 것은 저에게는 영광입니다. 교수님께서는 강의 시간 때 강의내용과 더불어 학생들에게 꿈과 희망을 심어주는 이야기를 많이 해주시고 학생들의 고민에 귀를 기울여주십니다. 어느 순간부터 교수님 수업은 제 삶에 강한 자극을 주는 것을 느끼며 행복하게 강의를 들으러 가는 걸 느꼈습니다.

책의 제목 "강광민의 비행기"를 보면서 어렸을 적 비행 소년이었던 이야기가 떠올라서 깜짝 놀랐었는데 "비전을 가지고 행동으로 옮기면 기적이 일어난다!"라는 비행기 뜻에 감탄하였습니다. 교수님을 보면서 느꼈던 뛰어난 실행력이 어디서 비롯되었는지 책을 읽으면서 잘 알게 되었습니다. 또한 정말 배우고 싶은 "가족을 사랑하는 마음"을 다시 한번 배웠습니다. 감사합니다.

하방수, 사단법인 한국희망나눔 이사장

비행기(비전을 가지고 행동으로 옮기면 기적이 일어난다)는 우리의 삶에 꼭 필요한 것을 말하고 있습니다. 우리 모두 희망의 비행기를 함께 만들어 갑시다. 비행기를 통해 아름다운 삶을 누릴 수 있었으면 합니다.

허범행, 전 광주하계유니버시아드 전국순회홍보단장

사회적으로 잔잔한 울림을 주며 막힌 곳을 뻥 뚫리게 하는 시원한 화살을 날린 강광민 박사의 자전적 에세이 <비행기>. 늘 그 무언가에 붙잡혀 행하고 싶음이 좌절되거나 낭패를 보는 일이 허다했고 황금보다 더 귀한 인생에 생채기가 많이 있었음에도 불구하고 열두 번 깨닫고 계획을 세웠으며, 생각 속에서 멈추지 않고 행동으로 옮겨 승리의 깃발을 세웠나니, 이 시대를 살아가는 모든 분들이 비행기에 탑승하여 기적을 만드소서. 비행기여 영원하라!

홍재천&이선희

강광민의 비행기 "비전을 가지고 행동으로 옮기면 기적이 일어난다."
(인생역전의 기적을 꿈꾸는 사람이라면, 성공적인 삶을 꿈꾸는 사람이라면, 반드시 만나봐야 할 사람!)

이 책은 가난하고 힘든 상황에서도 꿈을 가지고 삶의 열정으로 자수성가한 자신의 삶을 수놓은 자서전입니다. 특히 부부가 함께 의지하며 만들어내는 삶이 와 닿으며, 끊임없이 준비하는 삶이 반드시 기회를 잡는다는 진리를 일깨워주는 울림이 있는 책입니다. 강광민의 비행기 책은 동기부여 가득한 선물이라 생각합니다. 꿈을 이루고 싶은 분들의 필독서가 될 책입니다.

정재순 이모는 15년 전 제가 운영했던 공장에서 10여 년간 공장식당에서 일하셨던 분인데 지금은 80세가 넘은 나이에 <비행기> 책을 읽고 부산에서 편지를 보내오셨다. 얼마 전 글을 배워서 몇날 며칠을 쓰셨다며 이해해달라고 말씀을 하시는데 감동의 눈물이 흘렀다. 이모님께 편지를 책에 그대로 올리겠다고 말씀을 드렸더니 좋아하셨다.

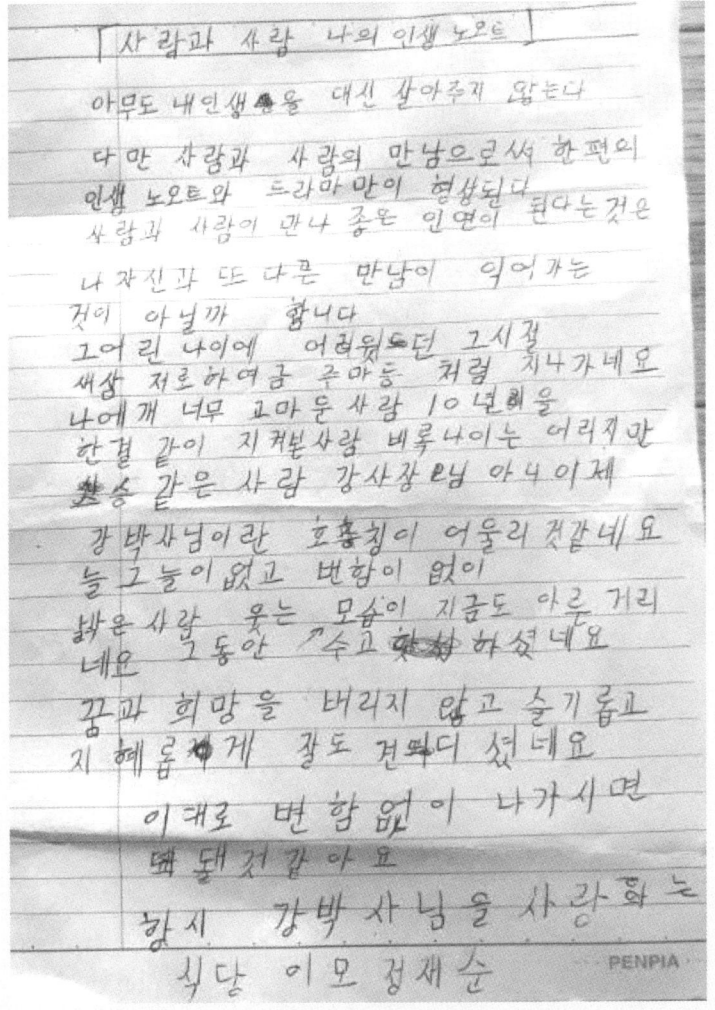

박영희씨는 정재순 이모님의 며느리입니다. 어머님이 읽고 권해서 읽어 보시고 정재순 이모의 편지와 함께 보내온 편지입니다. 시어머니와 며느리의 글이 가슴을 찡하게 만들었습니다.

너무 가난하고 힘들었던 그 시절 굉장히 노력하고 갈망하며 살아야 했던
시간 빈둥거리며 무의미하게 흘려 살기엔 참 아깝고 아쉬운 나날들
한 시간이라도 더 노력하면 그만큼 목적지에 다다를 수 있고 한층
행복해 질 생각에 당신은 비행기와 같이 날라와 이곳에 정착했네요
며칠 전 당신의 카페에서 우연히 당신의 말을 듣고 가슴이 뻥 뚫린 느낌
을 받았네요 아니 정말 말로만 비전을 논하고 행동은 뒷전이 아니고
기적을 멀리하는 것이 아니라 현실에 맞서고 단순한 목표만 가지고
내세우지 않고 한 가정의 가장이며 남편이고 아이들의 부모로도 손색 없
이 잘 살아오셨더군요 마치 장발장의 이야기를 보고 있는 듯했네요
역시 최고의 강광민 교수님이십니다 흐뭇했네요
그 옛날 힘들었던 긴 세월 속에 한 떨기 인동초를 본 듯했답니다
저 밑 아래에서부터 한계단 한계단 정도를 걷고 일편단심 하나가 되어
꽃 피우기 원합니다
과거의 절망이 희망되고 한겨울 속에서 피어난 인동초와 같이
비전을 행동으로 옮기고 스스로 선택한 당신의 삶과 그 누군가의
숨소리조차 버리지 않고 귀담아 주시는 당신에게
찬사를 보냅니다

어부의아들
모든 것을 연결고리가 있다
광산KC난타 동아리회원 박 영 희

군대 전역 후 복학한 대학생이 뜻을 세우지 못하고 방황하는 가운데 "비행기"를 읽고 감명받아 자신의 미래를 새롭게 목표를 설정하였다는 내용을 손으로 직접 글로 표현해서 마음을 담아서 보내온 감동의 편지입니다.

> ### 비행기를 읽고...
>
> 군대를 전역 후 최근에 가진 고민의 종류는 미래에 대한 걱정이 대부분 이었다. 많은 사람들이 도로를 가지고 그것을 달성하기 위해 노력하고 열심히 살아가지만 나에게 뚜렷한 목표의식이 없다보니 학업에 흥미가 생기지 않고 막연하게 살아가는 일상에 걱정 뿐이었다. 지방대학을 다니는 현실을 탓하여 비관적인 생각뿐이 없고 자신감은 계속해서 떨어지는 상황에 강광민 교수님의 비행기를 접하게 되었다. 책 첫지않은 어느형편과도 같은 고민을 해봤고 어쩌면 더 안좋은 현실에 비전을 행동으로 옮기면 어떻게 변화되는지 몸소 보여주셨다. 누구나 변화할수 있고 기적은 멀리 있는것이 아니란것을 느끼게 해주신다. 나에게 다시 할수있다는 자신감을 심어주셨고 새로운 목표·비전 설정이라는 과제가 주어졌다. 내 성격에 안전한것만을 선택해오는 어려운일은 쉽게 포기해버리는 성품이 있다. 하지만 그래서는 어떠한것을 이룰수 없다고 한다. 조금더 기다려보고 인내하는 마음에 목표로 한것을 이루기까지의 끈끈함을 길러준다고 했다. 학과 공부하는데 있어서 대학에서 처음 공부해본 중국어공부가 어릴때 살면서 배워본 아이들에게 뒤떨어디어 비관하고 포기했지만 인내심을 가지고 꾸준히하면 나도 언젠가 성취를 수있겠구나 하는 자신감이 생겨났다. 아직 다양한 경험을 해보지 못해서 어떤직종에서 일하나 겠다!! 라는 목표설정은 하지못했던 '중국어에 능통해 우리나라의 서비스 또는 중국의 서비스를 각각 한·중 나라에 접수있는 일. 각 나라의 문화를 이해하고 서비스를 나라별로 맞춰 접수있는 어떠한 것' 지금 생각하고 있는 내가 하고 싶은 추상적이지만 궁극적인 목표. 현재의 중국과 서로에 대한 안좋은 인식을 나의 서비스로 관계가 좋아졌으면 하는 마음을 적어보았다. 앞으로 많이 구체화 시켜서 행동으로 가지 실행해야 하지만 처음으로 생각만이 했던 것을 적어보려니 낯설고 어렵기도 하면서 한편으로 뿌듯하고 하루빨리 실천하고 싶은 마음이 생겨났다. 성공한 사람, 꿈을 이룬 사람이 거창하고 위대하고 나에게 멀리 떨어진 어울리지않아 했던 사람이라고 생각해왔지만 나도 될수있는 사람 이란것을, 그렇게 멀지않구나 라는것을 깨닫게 해주었다. 많은 어려움과 시련이 있겠지만 작은것부터 차근차근 실천해 나가겠다고 생각했다. 주변사람들을 아끼며 사회적인 책임을 갖지 않으려 노력하고 주어진일에 혼신을 다해 미치는 그러한 내가 될것임을 다짐하는 계기가 되었다.

독서 및 강연 후기 모음

광주 향교 강의 때 만났던 학송 이영춘 선생님께서 동양철학에 배고픈 자에게 먹을 것을 주는 것이 하도의 적선이요, 아픈 자에게 치료를 해주는 것이 중도의 적선이요, 사람을 가르쳐 우매함을 깨우쳐주는 것이 상도의 적선이란 말이 가슴에 와 닿는 순간이었다는 메시지를 주시고 "비전을 가지고 행동으로 옮기면 기적이 일어난다." 족자를 선물해주셨습니다.

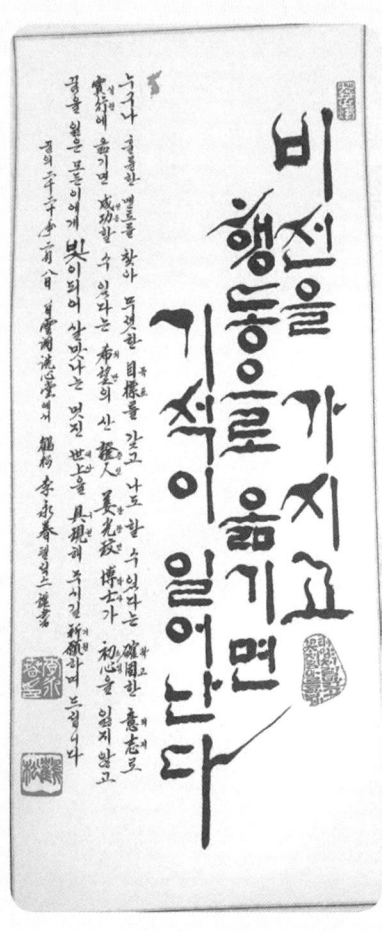

학산 노치환 시인

태양 너머에는 무엇이 있을까? 이 어려운 문제를 누가 풀까? 만약 어느 누가 이 문제를 해결한다면 이것을 기적이라 하겠지요. 그렇습니다. 그 기적이 이 책 속에 고스란히 녹아 있습니다. 삶의 행로가 정해진 틀 속에서 정해진 그대로 행한다면 어느 누가 자신을 위해 노력하고 열심히 앞길을 개척하겠습니까? 이 모두가 서로 다른 삶이기에 각자 주어진 여건에서 최대한으로 역량을 발휘하여 옳고 성공한 삶이되길 원합니다. 하여 올바른 삶의 방법과 올바른 인간 형성의 지침서 같은 큰 울림이 '비행기'라는 세 글자에 숨어 있음에 어느 누구도 생각지 못한 영양분이 가득한 책이라 생각합니다. 성인도 아니고 영웅도 아니고 지극히 보통 사람으로 성장 과정을 진솔하게 "비전을 가지고 행동에 옮기면 기적을 이룬다."라고 읊음은 모든 사람들에 크나큰 귀감이 될 것이라 믿어 의심치 않습니다.

이번 개정판을 읽고 보다 많은 분들이 '비행기'에 탑승하여 각기 다른 삶일지라도 기적을 이루어 본인은 물론, 그 가정에 정말 따뜻한 행복이 가득하길 바랍니다.

비행기 팬클럽 회원이신 학산 노치환 선생님께서 저의 보금자리인 집과 집사람이 운영하는 비행기 카페를 연필로 그린 작품과 추천글을 정성스럽게 보내주셨습니다.